博雅

Liberal Arts

文质彬彬　然后君子

博雅经典

章宏伟 主编

玉雅

[民国] 李凤公 著
许晓东 评注

中州古籍出版社
·郑州·

图书在版编目(CIP)数据

玉雅/(民国)李凤公著；许晓东评注. —郑州：中州古籍出版社，2015.1
(博雅经典/章宏伟主编)
ISBN 978-7-5348-4748-6

Ⅰ.①玉… Ⅱ.①李…②许… Ⅲ.①古玉器－研究－－中国 Ⅳ.①K876.84

中国版本图书馆CIP数据核字(2014)第070106号

责任编辑　闵世勇
责任校对　王　建
装帧设计　曾晶晶

出版发行　中州古籍出版社
　　　　　地址：郑州市经五路66号
　　　　　邮编：450002　电话：0371-65788698
经　　销　河南省新华书店
印　　刷　河南传美印刷有限公司
开　　本　16开（640毫米×960毫米）
印　　张　11
印　　数　1－3 000册
版　　次　2015年1月第1版
印　　次　2015年1月第1次印刷
定　　价　40.00元

本书如有印装质量问题，由承印厂负责调换。

目 录

导读 ………………………………………………………………… 1

出产 ………………………………………………………………… 16

　　于阗玉/16　　大秦国玉/19　　扶余国玉/19　　楚玉/21　　鲁玉/21
　　齐玉/22　　晋玉/22　　周玉/22　　宋玉/22　　梁玉/22　　钟山玉/22
　　山玉/22　　水玉/25　　天智玉/27　　医无闾玉/27　　蓝田玉/28
　　岱舆山玉/29　　琼玉/29　　荆山玉/30　　卞和玉/31　　九华玉/31
　　交州玉/32　　倭国玉/32　　瀛洲玉/32　　珠勒国玉/32　　忠州玉/32
　　阶州玉/33　　卢容玉/33　　罽宾国玉/33

释名 ………………………………………………………………… 35

　　玑/35　　玒/35　　珣/35　　玞/35　　琪/35　　玗/35　　珦/35　　珨/35　　玶/36
　　垩/36　　珀/36　　玹/36　　珅/36　　球/36　　珚/36　　珖/36　　玥/36　　珹/37
　　琜/37　　瑾/37　　琦/37　　珲/37　　瑅/37　　瑔/37　　瑈/37　　璟/37　　璃/38
　　瑃/38　　瑧/38　　莹/38　　瑏/38　　瑭/38　　瑰/38　　琼/38　　瑞/38　　瑼/39
　　璧/39　　璇/39　　璩/39　　瑪/39　　璪/39　　琣/39　　璙/39　　璜/39　　瓌/40
　　瓘/40　　玈/40　　玺/40　　琪/40　　璃/40　　琅玕/40　　瑿珲/40　　玥/40
　　琠/41　　琎/41　　珻/41　　珺/41　　瑹/41　　玮/41　　瑜/41　　瑰/41　　璥/41
　　璹/42　　珣/42　　珛/42　　琛/42　　珦/42　　琦/42　　琸/42　　璉/42　　琼/42

玉 雅　1

璐/43　瑯/43　瓀/43　瑢/43　瓋/43　璂/43　玭/43　玶/43　玫/43
球/44　珬/44　玻/44　瑇/44　瑕/44　瓕/44　瓐/44　璖/44　瑠/44
瓆/45　玉文/45　玉采/45　玉光/45　玉貌/45　玉病/46　玉工/46
玉声/46　玉色/46　玉别名/48

雕琢 49

古代攻玉/49　近代攻玉/53

释器 58

大圭/58　玉珪/60　元珪/61　青圭/61　土圭/61　珍圭/61
镇圭/61　谷圭/62　琬圭/62　桓圭/62　信圭、躬圭/62　祼圭/62
琰圭/62　琰圭/63　四圭、两圭/64　瑒/65　瑾/65　瓒瓉/65
瓛珆/66　冒/66　玺/67　璋/68　琮/70　大琮/70　璧琮/70
疏璧琮/71　黄琮/71　琢琮/71　駔琮/71　璧/73　苍璧/74
蒲璧/74　谷璧/74　琢璧/74　圭璧/74　垂棘璧/74　璜/77　琥/78
玉笏/79　玉节/80　玉麟符/80　玉辇/81　玉藻/81　玉佩/82
玉儿/84　玉琖/84　玉豆/84　玉瑚/85　玉瓮/85　玉罩/85
玉爵/86　玉角/86　玉杯/88　玉卮/89　玉尊/89　玉壶/90
江鼎/90　玉觚/92　玉椀/93　玉楸/94　瓖/94　环/95　瑗/97
玉钏/98　玉带/98　玉瑱/100　玉笄/100　玉鞍/102　玉衡/102
服玉/103　玉斗/104　玉瓓/105　玉履/105　玉珠/106　玉钗/106
玉簪/107　玉镜/107　玉奁/108　玉杵/108　玉拨/109　玉鱼佩/109
玉尺/110　玉盝/110　玉兵/111　玉斧/112　玉戚/113　玉戟/113
玉刃/114　玉杓/114　玉钱/114　玉人/116　玉像/118　玉佛/118
玉观音/118　玉马、玉人/119　玉虎枕/121　玉如意/122　玉磬/123
玉律/124　玉笛/125　玉琵琶拨/125　玉梢/126　玉碓/126　珈/126
珩/126　理/127　琚/127　瑀/127　琏/128　瑶/128　瑬/128　璩/129

玔/129　珑/129　璚/129　珽/130　瑱璺珆琈珥琗/130　琀/131
瓅/132　璑/132　玦璃/132　玏/133　玜/133　玉缶/134　玉觿/134
玉鸠杖首/134　玉砚/135　玉带钩/137　玉果/139　玉蝉/140
玉蜗/140　玉鱼/140　玉龙/141　玉龟/142　玉驼/143　玉羊/144
玉狮/144　玉鸡/145　玉燕/145　玉鹤/146　玉猿/147　玉凤凰/147
玉麒麟/147　玉刚卯/150　玉婆罗门子/151　玉杖/151

奇异 152

赤玉舄/152　放光玉/152　玉玺/152　碧玉珪/153　虹变玉/153
玉鸡/154　鱼化玉/154　玉钩玦/154　玉虎/154　玉桃/155
重明玉/155　如意玉/156　玉猪/156　玉马/157　观日玉/157
龙虎玉/157　白玉筒/158　夜明玉/158　玉杯/159　翡翠屑金/160
鞚玉鞭/160　暖玉鞍/161　香玉辟邪/161　玉蟾蜍/162　玉象/163
温凉玉/163　玉豚/163　玉升/164　玉马鞍/164　玉钗变燕/164
温冷玉/165　鸟化玉/166　美女化玉/166　玉化蚖/166
玉函变鸟/166　云中玉/166　玉精/167

导　读

许晓东

玉作为石之美者，受到中国人的重视和喜爱，已有非常悠久的历史。其出现至少可追溯到7000余年前的新石器时代，其使用更遍及礼仪、宗教、服饰、陈设、器用等各领域。尽管不同历史时期，玉器在社会政治、文化生活中所处的地位、扮演的角色不尽相同，但一直为具有特定地位的特定阶层所拥有，是身份、地位和财富的象征。尽管南北美洲、大洋洲、南亚次大陆、中亚、西亚乃至欧洲都有玉器的制作和使用，但其在社会史、艺术史中所占的地位，皆不能与中国玉器相比拟。玉器之所以在中国长盛不衰，除却材质之美外，与其被赋予的特殊文化内涵、长期以来在社会政治生活中扮演的重要角色及其功能的延续和嬗变，有着重要关联。

一、礼制与等级的载体

据《越绝书》记载，春秋时期一位名叫风胡子的人，在与楚王论剑时谈到："黄帝之时，以玉为兵，伐树木、为宫室、凿地。夫玉亦神物也，又遇圣主使然，死而龙臧。"[①] 黄帝被奉为中华民族

[①] 〔东汉〕袁康、吴平辑录：《越绝书》卷一一《外传记宝剑》，《景印文渊阁四库全书》第463册，台湾商务印书馆，1998年，第115页。

的始祖，生活于新石器时代晚期。这段话反映了早期玉器的三个功能：作为工具使用，是礼神之物，主人死后随葬。

诸新石器文化时期的墓葬或遗址出土的玉器与上述记载可为印证。玉制钺、圭、刀、锛、斧、凿等，其造型、最初的功能，与石质同类器无二。玉装饰品亦然。所谓"玉亦神物"，是指以玉通神、礼神、祭神，是原始信仰、灵物崇拜、图腾崇拜的反映。这一时期作为神物的最具代表性的玉器有红山文化的玉龙、玉人，良渚文化的玉琮、玉璧，龙山文化的玉圭、玉璋等。这些玉器当时只为氏族中少数具有特定身份和地位的首领所有。玉钺在新石器时代晚期至商，发展成为军权和王权的重要标志物。可见，玉器从新石器时代晚期开始，业已步入社会顶层，并在原始的祭祀活动中扮演十分重要的角色。

新石器时代晚期到青铜时代早期，中国社会开始进入由父系氏族社会向文明国家礼制社会的过渡阶段，玉器成为礼制文化生活的重要组成部分，反映出礼制的文化内涵及宗教、哲学观念。新石器时代出现的琮、璧、璋、圭、钺、环、璜，成为夏、商、周礼制玉器的源头。《周礼》："以玉作六器以礼天地四方。以苍璧礼天，以黄琮礼地，以青圭礼东方，以赤璋礼南方，以白琥礼西方，以玄璜礼北方。"① 即以不同颜色、形制的玉器祭祀天地、四方的观念，为历代所传承。尽管春秋中期以后礼制渐弛，历代皆有重修礼制之举，但大多奉《周礼》为圭臬。比如，山西侯马晋国遗址等一批春秋中期至战国中期的墓葬、遗址，皆出土了圭、璋、简、璜、璧、环、瑗、龙（珑）、琥、琮等玉质祭礼器；汉代皇帝、贵族以玉璧、玉圭、刻字玉牒祭祀宗庙、天地诸神、名山大川、日月星辰。唐代

---

① 〔汉〕郑玄注、〔唐〕贾公彦疏：《周礼》卷一八《春官·大宗伯》，《景印文渊阁四库全书》第90册，第336页。

祭祀礼玉包括传统的圭、璧以及圭璧、封禅册，且各具功用：圭主要用于郊庙祭祀，新出现的礼玉圭璧，用于郊祀燎祭日月星辰。玉册为册之一种，帝王在祭祀天地，册立王、妃、诸大臣时，需将诰文或诏书镌刻或书于竹简或玉片上。唐、宋皇帝都曾封禅，并有封天玉册、禅地石册出土。① 宋代，祭祀天、地、感生帝、日、月、社稷亦不出璧、圭②、琮③、玉册④，并有特定的尺寸。明承宋制，祭祀用玉与宋略同：上帝，苍璧；皇地祇，黄琮；太社、太稷，两圭有邸；朝日、夕月，圭璧五寸。⑤ 清代仍以黄琮礼地、苍璧礼天、赤璧祭日、白璧祭月，以圭祭祀太社、太稷。⑥

战争和祭祀是中国古代社会最重要的两件大事。从上文撮要罗列的历代祭祀用玉可以看到，玉器在祭祀天地、四方、宗庙、社稷中扮演着非常重要的角色，尤其是璧、琮、圭，几乎贯穿历史的始终。尽管玉琮在西周、春秋之际已经衰落，且自春秋以来即被改制或作他用，但以苍璧礼天、以黄琮礼地的理念仍为历代所因循。

除用于祭享天地、四方、宗庙、社稷外，玉器也是朝觐、分

---

① 封禅仪式大约始于周代。战国时，在泰山筑坛祭天，称为封；在梁父山上选址祭地，曰禅。封禅仪式首日封天，次日禅地。祝告词刻于册，封于匣中，放入石函，最后埋入祭坛。

② "庆历三年定……祈谷、明堂苍璧尺二寸，感生帝四圭有邸，朝日日圭、夕月月圭皆五寸……报社稷两圭有邸，祈不用玉。"见〔元〕脱脱：《宋史》卷九八《礼一》，中华书局，1977年，第2429页。感生帝即五帝之一，帝王之兴必感其一。北齐、隋唐皆祀之。见《宋史》卷九九《礼二》，第2438页。

③ 崇宁初"皇地祇，求神以黄琮，荐献以两圭有邸。神州惟用圭邸，余不用玉。用琮之制……宜广六寸，为八方而不剡；两圭之长宜共五寸，并宿一邸，色与琮同"。见《宋史》卷一〇〇《礼三》，第2455页。

④ "皇帝驾宿明堂斋殿行禋祀礼，推设祭器，设玉册于殿陛之间，乃玉刻金縢宝表文。"见〔宋〕吴自牧：《梦粱录》卷五《驾宿明堂斋殿行禋祀礼》，文化艺术出版社，1998年，第158页。

⑤ 〔清〕张廷玉等撰：《明史》卷四七《礼一》，中华书局，2010年，第1235页。

⑥ 〔清〕允禄：《王朝礼器图式》卷一《祭器一》，扬州广陵书局，2004年，第13页。

封、祭祀等礼仪场合佩带、执携之物，以别等第、彰仪礼。这主要表现在玉圭、玉带、玉组佩的使用上。《周礼·春官·大宗伯》"以玉作六瑞，以等邦国。王执镇圭，公执桓圭，侯执信圭，伯执躬圭，子执谷璧，男执蒲璧"①，说的就是以所执圭、璧区分王侯贵族的等第。② 宋、明时期，圭成为舆服制度的一部分。宋帝于圜丘祭祀天地、昊天上帝，或是于太庙奉太祖、太宗、高宗三位神主之时，或执圭，或执大圭、元圭。③ 明代，皇室、亲王在不同的祭祀、礼仪场合，所执之圭不尽相同。皇帝祭祀天地、宗庙服衮冕，永乐三年定玉圭长一尺二寸，剡其上，刻山四，以象四镇之山，即是因循周代镇圭之制。皇帝朔望视朝、降诏、降香、进表、四夷朝贡、外官朝觐、策士传胪服皮弁服，永乐三年定圭长如冕服之圭，有脊并双植纹。明初，皇帝亲征遣将服武弁服，嘉靖八年定，玉圭视镇圭差小，剡上方下，铭刻篆文"讨罪安民"四字。洪武三年定皇后受册、谒庙、朝会，服礼服，玉谷圭，剡其上，瑑谷纹。皇太子陪祀天地、社稷、宗庙及大朝会、受册、纳妃服衮冕，朔望朝、降诏、降香、进表、外国朝贡、朝觐服皮弁，永乐三年定玉圭长九寸五分。亲王助祭、谒庙、朝贺、受册、纳妃服衮冕，朔望朝、降诏、降香、进表、四夷朝贡、朝觐服皮弁，洪武二十六年定玉圭长九寸二分五厘。④ 可见，明代无论皇帝、皇后、皇太子抑或亲王，

---

① 〔汉〕郑玄注、〔唐〕贾公彦疏：《周礼》卷一八《春官·大宗伯》，《景印文渊阁四库全书》第90册，第334~335页。
② 璧在汉代也是贵族间贵重的馈赠之物。刘邦在鸿门宴上即以白璧一双奉项羽。
③ 〔元〕脱脱：《宋史》卷九九《礼二》："乾德元年十一月日至，皇帝服衮冕，执圭合祭天地于圜丘……神宗六年十一月二日……祀昊天上帝于圜丘……执大圭。"第2442~2443页。卷一〇二《礼五》："（雍熙）五年正月乙亥，帝服衮冕，执镇圭，亲享神农。"第2489页。又〔宋〕吴自牧《梦粱录》卷五《驾回太庙宿奉神主出室》中有"（皇帝）服绛袍，玉佩，执玉元圭"。第157页。
④ 〔清〕张廷玉等撰：《明史》卷六六《舆服二》，第1616、1619、1620、1622、1626、1627页。

其在不同的礼仪场合必须穿着特定之礼服，所执圭之大小、形制、纹饰亦各有等差。

玉带制度是古舆服制度的重要组成部分，北朝时期已经出现。唐代玉带制度最为发达，玉带是唐代礼玉中发现数量最多、最具特征、最受重视的玉器，且绝大部分出于京畿。① 唐代对带銙的质地、环数有严格规定，九环金玉带等级最高。上元元年，"敕文武官三品以上服紫，金玉带；四品服深绯，五品服浅绯，并金带；六品服深绿，七品服浅绿，并银带；八品服深青，九品服浅青，并鍮石带；庶人并铜、铁带"②。宋代用带制度更为详备，"有玉、有金、有银、有犀，其下铜、铁、角、石、墨玉之类，各有等差。玉带不许施于公服。犀非品官、通犀非特旨皆禁……太宗太平兴国七年正月……定车服制度，请从三品以上服玉带，四品以上服金带……景德三年诏通犀、金玉带，除官品合服及恩赐外，余人不得服用"③。辽代皇帝服九环带、犀玉带错、玉束带，五品以上金、玉带，六品以下银带，八品、九品鍮石带。④ 正因为玉带是唐、宋时期舆服制度的重要组成部分，是等级地位的象征，所以皇帝屡以玉带颁赐卓有功勋的大臣，下臣之间亦以玉带相赠，金、玉带甚至成为国与国间相互馈赠之国礼。⑤ 明初举凡政治、风俗、社会以古制及唐、宋之制为参考，制定实行。帝、后礼服均系革带。洪武二十六年定皇帝衮冕，革带佩玉，长三尺三寸。嘉靖八年更定革带前用玉，其后

---

① 刘云辉：《唐代京畿出土玉器》，重庆出版社，2000年，第3~21页。
② 〔宋〕刘昫：《旧唐书》卷四五《舆服》，中华书局，1975年，第1952~1953页。
③ 〔元〕脱脱：《宋史》卷一五三《舆服三》，第3564~3565页。
④ 〔元〕脱脱：《辽史》卷五六，中华书局，1974年，第909~910页。
⑤ 如南宋遗契丹帝生辰礼，除金茶食器、衣外，还有金玉带两条。契丹每次回赐高丽国的礼物有犀、玉腰带两条，回赐西夏的则有金带、玉带。〔清〕万颚：《辽史拾遗》卷一五，光绪元年江苏书局刊本，第23~25页。

无玉，以佩绶系而掩之。① 文武官员公服，腰间所系之带因品秩不同而有异。洪武二十六年（1393）定革带：一、二品玉，三、四品金，五、六、七品银钑花，八、九品乌角。腰带：一品玉，或花或素；二品犀；三品金荔枝；五品以下乌角。② 传世或出土的明代玉带，带铐的数量以20枚为多。满族入关建立清朝，服饰制度秉承本族传统，玉带不复使用。

玉组佩是将若干玉佩以相对固定的结构组合，系挂于腰带上，是礼制用玉的重要组成部分。《国语·周语》"先民有言：改玉改行。韦昭注：玉，佩玉，所以节行步也。君臣尊卑，迟速有节，言服其服器行其礼"③，即以佩玉节步速、别尊卑。

玉组佩制度产生于西周，当时称为杂佩，尚没有固定的结构，多与红色玛瑙、玉髓珠配合串系成组，红白相间，艳丽夺目。④ 一般而言，身份越高，所使用的玉组佩结构越复杂，玉佩的玉质越好，工艺也越精，反映了古代帝王、贵族佩玉尊卑有别的等级制度。春秋、战国时期，组佩中玛瑙珠的使用量锐减，多为纯玉饰件组合，或间以其他质地、色彩的珠饰。湖北武汉战国早期曾侯乙墓出土的一挂龙凤纹玉佩，以整料雕成，分十六节，各节可活动折卷。⑤ 汉代玉组佩与周代不同。广州南越王墓⑥、江苏徐州狮子山楚王墓等西汉诸侯墓，都出土了精美的组玉佩，构件中有玉璜、舞

---

① 〔清〕张廷玉等撰：《明史》卷六六《舆服二》，第1616、1618页。
② 〔清〕张廷玉等撰：《明史》卷六七《舆服三》，第1634、1636页。
③ 〔三国·吴〕韦昭注：《国语》卷二《周语》，《景印文渊阁四库全书》第406册，第19页。
④ 图见古方主编：《中国出土玉器全集3·山西》，科学出版社，2005年，第94页。
⑤ 图见古方主编：《中国出土玉器全集10·湖北湖南》，科学出版社，2005年，第93页。
⑥ 图见古方主编：《中国出土玉器全集11·广东广西福建海南香港澳门台湾》，科学出版社，2005年，第123页。

人、觽、出廓璧、龙等，虽然形制各不相同，但均纯以各式玉件配组。东汉末年战乱频仍，佩玉形制一度失传。曹魏侍中王粲重新制定佩玉之式①，玉组佩因此出现了新的形制，并为隋、唐所沿袭。此期玉组佩以珩、璜、环为主要构件。② 宋代组佩相对复杂，"有衡、有琚、瑀，有冲牙，系于革带，左右各一"。其结构"上设衡，衡下垂带，贯以琘珠。次则中有金兽面，两旁夹以双璜。又次设琚、瑀，下则冲牙居中央，两旁有玉滴子，行则击牙而有声"③。明代，组玉佩再度盛行，且形制、用组佩数量均与宋一脉相承。据《明史·舆服志》，各式礼服皆用玉组佩二挂。皇帝衮冕，玉佩各用玉珩一、瑀一、琚二、冲牙一、璜二、瑀下垂玉花一、玉滴二；琭饰云龙文描金，自珩而下系组五，贯以玉珠。皇后礼服用玉组佩与皇帝同。皇太子衮冕玉佩各用玉珩一、琚一、瑀一、冲牙一、璜一、瑀下垂玉花一、玉滴二。④ 明代帝王、藩王墓以及北京故宫博物院均出土或收藏有形制并不完全相同的精美而完整的玉组佩。⑤ 始于西周的玉组佩制度，历汉、唐、宋、明，绵延两千余年，至满族入关建立清朝后，方始废止。

执圭之礼、玉组佩制度的出现虽早于《周礼》成书之年代，但因《周礼》的记载而更获崇奉。历代儒生奉《周礼》为圭臬，制定一国之礼仪制度，执圭及玉组佩制度因此融入舆服制度，并得以延续，尽管其表现形式不尽相同。革带的出现虽渊源于赵武灵王的胡服骑射，非汉家"正朔"，但在开放、兼容并包的唐代，成为舆

---

① 〔西晋〕陈寿：《三国志·魏书·王粲传》，中华书局，1975年，第599页。
② 左骏：《魏晋南北朝玉佩研究》，《故宫博物院院刊》2007年第6期，第52~57页。
③ 〔元〕脱脱：《宋史》卷一五一《舆服三》，第3529页。
④ 〔清〕张廷玉等撰：《明史》卷六六《舆服二》，第1616、1622、1626、1627页。
⑤ 湖北省文物考古研究所、钟祥市博物馆编著：《梁庄王墓》下，文物出版社，2007年，彩版五十七。

服制度的重要组成部分，而为宋、明所继承。发源于白山黑水间的满族，入主北京后，时刻不忘其游牧渔猎民族的特性。乾隆帝弘历视玉革带为汉人衣冠，而恐危及社稷，继而弃置不用①，虽可谓数典忘祖，但从中亦可管窥舆服制度的确立之于国家的重要性和象征意义。玉器在礼制社会用器中所处的金字塔塔尖地位是不言而喻的。

二、君子比德于玉

以玉为饰，源于人类对美的追求。比德于玉思想的形成和发展，则赋予了玉以更深层次的内涵。《礼记·聘义》记载孔子回答子贡何以贵玉贱珉时说，贵玉轻珉并非因为玉少而珉多，而是因为玉被认为是仁、智、义、礼、乐、忠、信、德的体现，而这些美德也是作为君子所应该具备的。② 说明早在孔子活动的战国之前，便因为玉独特的自然属性而被赋予高尚的道德内涵，成为君子修身立行的观照。君子以所佩之玉随行进步伐而发出的声音来时时提醒自己摒除不好的念头。③ 因此，古之君子必佩玉，君子无故玉不去身。玉德学说形成于东周，成熟于汉代，加之汉代儒家学派将西周以来的佩玉习俗给予理论上的阐发和支持，使佩玉习俗进一步制度化了。玉器也因此从主要作为原始宗教活动的法器，祭祀神灵祖先的祭、享礼器，发展成为具有特定内涵、相对固定组合形式的标识

---

① 北京故宫藏一紫檀木云龙纹拜匣，据匣盖所刻乾隆帝御制诗可知，此匣原装玉带銙。〔清〕弘历：《题汉玉带版六韵》，《清高宗（乾隆帝）御制诗文集》五集卷四三，第9册，中国人民大学出版社，第2页。

② 〔汉〕郑玄注、〔唐〕孔颖达疏：《周礼》卷六三《聘义》，《景印文渊阁四库全书》第116册，第526～527页。

③ "古之君子必佩玉……君子在车则闻鸾和之声，行则鸣佩玉，是以非辟之心无自入也。"见〔汉〕郑玄注、〔唐〕孔颖达疏：《礼记注疏》卷二九《玉藻》，《景印文渊阁四库全书》第115册，第614页。

身份、地位的组佩或佩饰。东汉以后玉德观念虽渐趋淡化，但由于儒家学说在中国历史上的巨大影响，汉儒倡导的"君子比德于玉"的观念深入人心，促进了玉佩饰、玉陈设的发展和繁荣。

古代饰玉起源早，使用范围广，造型、纹饰千变万化。举凡首饰（如簪、耳环、戒指、手镯）、服饰（如冠饰、佩饰）及随身携带之物（如剑、扇），均可以玉制作或以玉为饰。这些玉制品既随时代的变化而新品迭出，又可见若干脉络绵延不断。前者如宋、明两代的霞帔坠，明、清时期的纽扣，清代的扳指，均呈一时之风流。相反，诸如玉簪、玉带钩、玉觿式佩以及始于新石器时代而至唐五代仍流行的梳脊等，则不绝如缕。

玉簪是女性的重要首饰。早在龙山文化时期就出现了精美的玉首骨簪。现知最早的玉簪出土于河南淅川下寺春秋遗址。魏晋南北朝流行玉笄。唐、五代之玉簪，簪首扁平，透雕花鸟图案，辅以金、银簪铤，对称斜插于脑后，渐趋华丽。明代妇女的鬏髻、头面则由各种金簪或玉簪组合而成，富丽而繁缛。清代最具特色的是耳挖形簪，簪首呈耳挖形，簪身局部装饰透雕盘长、花篮，簪身细长、扁平。

觿由钩弦护指的工具，发展成为纯装饰的觿式佩，始于春秋、战国，成熟于西汉。佩觿是成人的标志之一。（插图1、2）西汉玉觿式佩的造型、纹饰多姿多彩，为历代之冠。玉觿式佩在东汉、魏晋南北朝时依然流行。宋人视觿式佩为古玉器，称蟠螭佩；元人称雕玉蟠螭或璲，认为是佩环一类的东西。觿式佩于明、清依然盛行，称螭玦、鸡心玦，晚清称鸡心佩。清代玉扳指虽源于商、周古觿，却只盛行于清，且已完全丧失其原有的钩弦护指功能，而仅是男士不可或缺的装饰。玉带钩是系结绦带、承纳钩环之物。目前最早见于春秋晚期墓葬，钩首、钩身都较扁平、粗短，战国亦然，但钩身弧凸，呈一定的曲线。宋、元墓葬出土的玉带钩数量不多，传世者却不在少数，尤以南宋、元代居多，流行以龙首、鹿首、花瓣为钩首。回弯的钩首距钩颈的距离较春秋、战国时期相对增大。钩身片状、长圆柱形兼而有之，较前代之带钩明显细长。明代玉带钩以龙首居多，清代亦然。明、清时期出现的各种形式的带扣，功能与带钩相若。

其他如兴起于宋代，盛行于明、清的玉制文房用具（笔、笔架、笔捵、笔洗、臂搁、镇纸）、陈设（山子、插屏、香炉）等，亦无不与玉德学说息息相关。玉佩饰、陈设的经久不衰，主要基于人类对美的不懈追求、玉质之美及玉所承载的美好品德。历代玉饰、玉陈设器的品类、功能、形制、纹饰的纷繁有别，是玉器顺应时代变迁、时尚流变以及实际需要因时而变化的结果。诸如韘式佩、带钩的绵延不绝，则传达出对古典的崇尚和追慕。明、清时期不仅时做之玉颇为繁荣，把玩、盘摩古玉亦成为文人之雅好。对古玉的膜拜，一方面凸显了古玉丰富而厚重的历史内涵，另一方面亦使古玉获得了新的生命。

三、仿古与古玉新诠

由于玉器本身独特的文化内涵，玉器的获得和收藏有着特殊的意义。与青铜彝器一样，玉器的拥有是国家地位的象征，"斩获"的玉器是重要的战利品，是可以代代相传的宝物。因此之故，随葬前朝之玉的墓葬时有所见，最典型的如商王武丁配偶妇好墓以及清初黑舍里氏墓，两者皆藏有数量不等的前朝玉器。

古物的出土、收藏带来了古物的流传，加之社会风尚、帝王喜好的共同影响，仿古玉成为宋以来富有特色的玉器品类。仿古玉主要有两类，一是仿商周青铜彝器，一是仿前朝玉器。同时，古玉的流传意味着其在后世的再利用，这种再利用，既包含对器物的重新切割、改造，也包含整器的再利用。由于时代的变迁，古玉和仿古玉所处的环境业已改变，它们的功能因此也相应地发生了变化。以清代为例，仿古玉或古玉大多被作为陈设、佩饰或嵌饰使用，与其原有的功能已大相径庭。如乾隆八年（1743）造办处奉命照北宋吕大临《考古图》制作的白玉仙人、白玉马、碧玉虎，均配做木座作为陈设。①

玉琮、玉璧是新石器时代晚期重要的玉质礼器，是祭祀天、地及殓尸之物。商、西周时期玉琮已不多见，战国以后似已不再制作。在江苏一座西汉时期的墓葬中，一件西周玉琮被配制了鎏金银座、盖，用作容器。②西汉中山靖王刘胜墓出土的玉琮，表面装饰类似良渚文化的神人兽面图案，被临时用作墓主的阴茎套，成为殓玉的一部分。③西汉墓葬出土的玉瞑巾上，缀有西周时期的玉饰。创造性地、随机地对前代玉器加以利用，在两周、汉代应不止于此。④

北宋时期，古器物的出土以及礼制改革，引发了金石学的兴起和仿古风潮的出现。礼学因此开始与古器物学相结合而有了一系列古器图的编撰，如成书于北宋元祐七年（1092）的《考古图》《宣和博古图》以及传为南宋绍兴间人赵九成所撰的《续考古图》。《续考古图》中收录一件玉琮。四川宋代窖藏出土的青铜、瓷、青石质的琮式瓶，表明了良渚文化多节玉琮形制在宋代各种工艺中的广泛流行。这些一端封口的琮式瓶，很可能即是当时居室内的陈设

---

① 中国第一历史档案馆、香港中文大学文物馆合编：《清宫内务府造办处档案总汇》第11册，人民出版社，2006年，第634页。
② 江苏涟水县三里墩西汉墓出土。图见古方等主编：《中国出土玉器全集7·江苏上海》第83页。
③ 围绕这件玉琮的讨论，见李零：《铄古铸今——考古发现和复古艺术》注释第26、27，香港中文大学，2005年。
④ 如春秋晚期、战国早期湖北曾侯乙墓出土的以西周玉琮改制的手镯和拱形饰。

器具。清代，乾隆帝弘历很早就注意到了内务府收藏的为数不少的良渚文化、齐家文化乃至商、周时期的玉琮，但对其名称、时代、用途已不甚了了。自乾隆十三年（1748）到五十八年（1793）间，乾隆帝先后写作了17首诗对这类特殊的玉器进行考证，并始终认为是五辂、鼓乐舁杆两端的装饰，是汉、周、商或更早时期的古物。这类玉器困扰了乾隆50余年，在他最后一首《再题旧玉捆头瓶》诗中，依然隐含着他的疑惑，连他自己都觉得舁杆两端如果套装这样的玉石，肩部会感到不舒服。① 在清代，这些玉琮有的直接用作笔筒；有的配置珐琅、铜质内胆；有的加底，用来簪插花卉，作为案头清供②，或作为香熏使用。乾隆帝御制诗文中称之为辋头瓶或辋头笔筒，可为证。从御制诗文中还可以知道，有些玉琮在清代之前已被染色、配置铜胆，或加刻夔、螭装饰。③ 据此推测，将古代玉琮改作案头陈设的做法，其灵感或来自南宋的琮式瓶。这种做法在明代已经流行。

吕大临《考古图》录玉器16件，其中玉璧一件。清宫旧藏玉璧数量颇多，既有新石器时代齐家文化、良渚文化的光素大璧，也有汉代精美的乳钉、兽面纹璧。明、清时期有大量仿战国璧、汉璧的制作。乾隆帝歌咏古玉璧的诗作达数十首，有的被镌刻于素璧之上。这些古玉璧或仿古玉璧，有的作为插屏屏心，有的配做木架悬挂作为案头陈设，有的随册页保存于紫檀木匣中，有的镶嵌于盒面

---

① "虽曰饰竿琳与琅，置肩觥觫孰能当。……但辇辂既重，加以玉石之坚硬，置舁者之肩，觥觫惰瘰有必然耳。"见〔清〕弘历：《清高宗（乾隆帝）御制诗文集》五集卷七九，第8册，第594~595页。
② 最详细的研究和讨论见邓淑萍：《故宫博物院所藏新石器时代玉器研究之二——琮与琮类玉器》《狂飙中的玉琮》，《故宫文物月刊》第2卷第10期总70号，1989年1月，第44~56页。
③ 〔清〕弘历：《咏汉玉辋头》《咏汉玉辋头瓶》《咏古玉捆头瓶有序》，《清高宗（乾隆帝）御制诗文集》五集卷一七、卷二三、卷七八，第8册，第485、612页，第9册，第593页。

或如意之上，有的镶紫檀木框作为镜背。室内紫檀香几表面，亦常常镶嵌玉璧以为饰。

春秋晚期开始流行的玉剑具，在战国、汉代非常盛行，北宋《考古图》有录。完整的玉剑具包含装饰于剑柄顶端的剑首、剑鞘中部的璏和下端的珌。① 玉剑具自宋以来历代皆有仿制。玉璏在明、清时期又称昭文带。据记载，明人汪砢玉曾收藏元代名士杨维桢的一对紫檀界方，镶嵌汉玉昭文带二件，一粟米纹，一卧蚕纹，血蚀殊古而莹润。② 表明至少在明代，玉璏已被镶嵌于镇尺之上，作为捉手之钮。尺寸相对较长的古玉璏当时还被用来作为臂搁。③ 清代对古玉璏的利用，既有承继，又有创新。乾隆四年（1739）四月十二日曾将原收纳于九顶宝箱中的白玉昭文带三件、汉玉昭文带二件配做紫檀木镇纸五件。④ 乾隆四十年（1775）二月二十七日又将汉玉五老圆饰、汉玉螭虎昭文带、汉玉桃式饰镶嵌于紫檀木上制作三镶如意一柄。⑤ 更多的时候，前代玉璏与其他古玉或时样玉器一道，被收纳于百什件中，成为皇室的赏玩珍品。

殓玉为礼玉之一种。古人认为，金、玉能使逝者不朽。在这一观念的影响下，出现了专门用于殓尸的玉器，主要有流行于两周的覆面以及盛行于汉代的琀蝉、握猪、玉衣等。明、清时期虽然不再以玉蝉、玉猪为殓玉，但也不乏玉蝉、玉猪的制作。一些汉代以及

---

① 孙机：《玉剑具与璏式佩剑法》，《中国圣火》，辽宁教育出版社，1996年，第15～43页。
② 〔明〕汪砢玉：《珊瑚网》卷一〇，《景印文渊阁四库全书》第818册，台北商务印书馆，1986年，第165页。
③ 〔明〕文震亨：《长物志》卷七《器具》，山东画报出版社，2004年，第315页。
④ 中国第一历史档案馆、香港中文大学文物馆合编：《清宫内务府造办处档案总汇》第8册，人民出版社，2006年，第620～624页。
⑤ 中国第一历史档案馆、香港中文大学文物馆合编：《清宫内务府造办处档案总汇》第38册，人民出版社，第476页。

明、清仿制的玉蝉、玉猪,上端钻有小孔,表明这些玉蝉和玉猪当时是作为佩饰或坠饰使用的。此外,玉蝉和玉猪在清代也被收纳于漆盒、木盒或百什件中,当作赏玩之物。元代的玉帽顶,在明代多作为炉顶使用。明代也制作了为数不少的炉顶。这些元、明炉顶流传到清代,仍然被镶嵌于木质盖顶之上,作为捉手之钮。① 宋、明玉带銙,常见被用来镶嵌于木匣表面。以明代光素玉带銙改制墨床、笔掭、佩饰不仅见于记载,也有实物留存。清代大量实物、文献档案、绘画作品反映出清代仿古玉及古玉再利用的丰富多彩,是崇玉传统恒久生命力的体现。

玉器本身材质的特性及其与神权、军权的结合,使之从一开始就在社会政治生活中获得了崇高的地位。玉器的礼制功能,在《周礼》中得以系统化,并因汉儒的阐发、倡导以及儒家文化的深远影响而为历代所因循,成为舆服制度的一部分,从而确立了玉器在国家政治体系中的地位。同时,儒家推崇的君子比德于玉的观念,为知识阶层所普遍接受和传承,玉器因此被赋予了更为厚重的人文内涵。这都是中国玉文化源远流长、绵延不绝的根本原因。在这一宏观架构之下出现的玉器收藏、仿古、古玉再利用等,延展了玉器的传统功能,为玉文化注入了新的内涵和活力。

尽管随着历史的演进,各种材质的装饰艺术,如金银、瓷器、珐琅、漆器、玻璃等也都曾风光无限,但玉器的超然地位总体而言几乎从未动摇。玉器在延续其传统的礼制功能的同时,也随着社会、时尚的变化而改变,并因此获得了新的生命力。唐代是玉器发展的一个重要转折期。受异域文化的影响,实用、美观成为唐代装

---

① 嵇若晰:《元代的玉帽顶——从台北故宫博物院所藏白玉秋山帽顶谈起》,王正书:《"炉顶""帽顶"辨识》,《中国隋唐至清代玉器学术研讨会论文集》,上海博物馆,2002年,第266~276、277~288页。

饰艺术的主流,这一倾向加速了以玉礼器为中心、以丧葬用玉为主流的中国上古玉器传统的改变,开创了以装饰用玉、实用器皿为主流的新时代,并对后世产生了深远的影响。宋代古器物的出土以及礼制改革带来的仿古之风的盛行、因家具的改变而出现的陈设器具新风尚,促进了仿古玉器以及玉文房、玉陈设的兴起。这一趋势历元、明、清而日益彰显。顺应时代的变迁,中国古代玉器在功能的延续和嬗变之间,得以绵延不绝。

出　产

于阗玉

《唐书·西域传》：于阗国①有玉河②，国人夜视月光盛处必得美玉。

《平居诲使于阗行程纪》③：于阗玉河，其源出昆仑山，西流一千三百里至于阗界牛头山。乃疏三河：一曰黄玉河，在城东三十里；二曰绿玉河，在城西二十里；三曰乌玉河，在绿玉河西十里。其源虽一，玉则随地而变，故其色不同。每岁五六月大水暴涨，则玉随流而至。玉之多寡由水之大小，八月水退乃可取，彼人谓之捞玉。其国之法，官未采玉不禁，人辄至河滨，故其国中器用、服饰往往用玉。

[注释]

①于阗国，唐代安西四镇之一，地处塔里木盆地南沿，东通且末、鄯善，西通莎车、疏勒，其盛时，领地包含今和田、皮山、墨玉、洛浦、策勒、于田、民丰等县市，都西城（今和田约特干遗址）。其地居民属印欧语系的塞种人，11世纪，人种和语言逐渐回鹘化。

②玉河，出产玉石之河。其实河中之玉，亦非河床所蕴藏，乃来自昆仑山。因雨水冲刷，山上的玉石随流水挟裹带入河床，并继续随水流滚动直至沉积。

③平居诲，五代时晋人，生卒年不详。《四库全书》收录《于阗国行程纪》一卷，《新五代史》《证类本草》《游宦纪闻》《研北杂志》《文献通考》《宋史》等亦辑录有相关文字。据载，后晋天福三年（938），于阗国王李圣天遣使者马继荣来贡红盐、郁金、牦牛尾、玉氎等。晋遣供奉官张匡邺、假鸿胪卿彰武军节度判官高居诲为判官，册圣天为大宝于阗国王。是岁

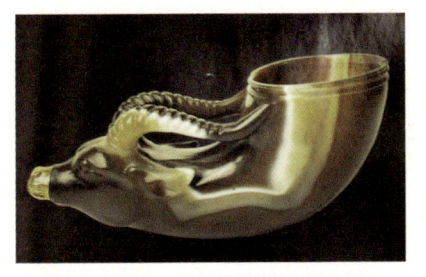
玛瑙牛首来通杯　唐　陕西西安何家村

白玉莨苕纹长杯　唐　陕西西安何家村

冬十二月，匡邺等自灵州行二岁至于阗，至七年冬乃还。平居诲后来记录了出使往返沿途所见山川以及诸国情况。

[评析]

《平居诲使于阗行程纪》是有关新疆于阗产玉的较早且较为详细的记载。所谓黄玉河即产黄色玉石的河流，绿玉河即产碧玉之河，乌玉河即产墨玉之河。从出土和传世玉器看，于阗地区以产青玉、青白玉、碧玉居多，白玉、墨玉、黄玉相对比较少见。

从行程纪可知，当地官府并不禁止民众采玉，人们可随意到河边捞玉。而且，当时其地玉器的制作和使用颇为普遍，如生产玉质器皿，佩带玉质首饰、服饰等。这与考古出土的文物亦相吻合。隋代窦皦出土的金筐宝钿白玉带、唐代何家村窖藏所见玛瑙来通杯、玛瑙长杯、白玉莨苕纹长杯等，即有可能是当时活动于中亚地区的昭胡九姓所制。《隋书·何稠传》记载何稠之父何通善制玉器。何通为西域商人，活动于萧梁时期，善于治玉。可见当时活动于中亚地区的胡人不仅贩卖玉料，亦有治玉从业者。

《西域闻见录》[①]：其地有河，产玉石子。大者如盘如斗，小者如拳如粟，有重者三四百觔[②]者。各色不同，如雪之白、翠之青、蜡之黄、丹之赤、墨之黑，皆上品。一种羊脂朱斑，一种碧如波斯菜[③]，而金片透湿者[④]尤难得。河底大小石错落平铺，玉子杂生其

玉雅　17

间。采之之法，远岸官一员，守之。岸营官行，截河并肩赤脚踏石而步。遇有玉子，回子即脚踏，一员守之。派熟练回子，或三十人一行，或二十人，一知之，鞠躬拾起，岸上兵击锣一，捧官即过朱一点，回子出水按点索其石子。

《西域水道记》⑤：于阗之玉河每岁春、秋二次采玉。

[注释]

①《西域闻见录》，成书于乾隆四十二年（1777），作者为正蓝旗人七十一。七十一，姓尼玛查，号椿园。乾隆年间，七十一先任河南武陟县，后"西出阳关，逾河源三千余里"，居新疆十余年。乾隆五十年左右，七十一回京，任职刑部。《西域闻见录》为七十一在"库车办事时"所撰。他认为，当时典籍中关于西域的非但稀少，而且"列史所载证以目之所见"又多龃龉。自己"居其地最就，考究最详"，于是撰成此书。该书共八卷，除书前自序外，其他各章详细记录了当时西域的人文地理、风土人情、物产习俗，是当时难得的有关新疆的史料笔记。

②觔，重量单位，"斤"的异体字。

③清宫档案有称"菜玉"者，成色较碧玉浅，有深绿色斑点，或即所谓的"碧如波斯菜"玉。

④"金片透湿者"颇为费解，或为带桂花黄色表皮且极温润者。

⑤《西域水道记》，清代学者徐松（1781—1848）著，是有关西域历史地理的名作。记载西域各条河流发源、流域、所入湖泊等详细地理资料。记载范围包括今嘉峪关以西直至巴尔喀什湖以东以南的广大西北地区。关于于阗分春、秋两季采玉的记载，在许多文献中皆有提及。

[评析]

《西域闻见录》的记载表明新疆所产玉石大小各异，且色彩多样，对采玉的具体程序，描述得亦颇为详细。《西域水道记》则记录了新疆地区采玉的具体时间，即每年的春、秋两季。

研究认为，新疆和田玉早在公元前 2000 年左右即东传，和田成为齐家文化、陶寺文化的玉料来源地之一。玉石之路因此形成。新疆商周以后成为主要的玉料产地。乾隆二十四年勘定南北疆，官府控制了和田玉的开采。玉料亦成为新疆春、秋两季任土作贡的主要物产。当地民众在官府的统一管理下下入河中采玉。和田县的阿拉玛斯、叶城县的密尔岱地段是最著名的产玉区。前者主要出产青白玉、白玉，后者则以青白玉、青玉为主。新疆玉料在清乾隆时期被大量开采。

大秦[①]国玉

《魏略》：大秦国出采[②]玉，五色玉也。

[注释]

①大秦是古代中国对罗马帝国及近东地区的称呼。《后汉书·西域传》亦记载了当时罗马的特产："其人民皆长大平正，有类中国，故谓之大秦……土多金银奇宝，有夜光璧、明月珠、骇鸡犀、珊瑚、虎魄、琉璃、琅玕、朱丹、青碧。刺金缕绣，织成金缕罽、杂色绫。作黄金涂、火浣布。"大秦因其独特的地理位置而成为欧亚贸易的中心，来自欧洲和亚洲的物产、商品，皆汇集于此。所以所谓五色玉亦不一定就是大秦当地所产。

②采，通"彩"，彩色之意。

[评析]

"采玉"应即"彩玉"，即后文所谓"五色玉"。西方文献未见类似记载。《魏略》所载大秦国五色玉，或是各色彩石、宝石，如水晶、玛瑙等等，其中亦可能包含透闪石玉，并不见得与当今所谓"玉"的概念完全吻合。

扶余国玉

《杜阳杂编》[①]：武宗会昌九年[②]，扶余国[③]贡火玉[④]三斗[⑤]。色赤，长半寸，上尖下圆，光照数十步。积⑥之可以然⑦鼎⑧，之⑨室内不复挟纩⑩。

《汉武内传》⑪：上元夫人带六出⑫火玉之佩。

《广志》⑬：赤⑭玉出扶余国。

[注释]

①《杜阳杂编》，唐代笔记小说集，唐代苏鹗撰。苏鹗，字德祥，武功（今属陕西）人。生卒年不详。光启间进士登第。《杜阳杂编》因其居住于武功杜阳川而得名。书中杂记代宗迄懿宗十朝事，尤多关于海外珍奇宝物的叙述，事颇荒诞。

②武宗会昌九年应为宣宗大中三年，即公元849年。

③扶余国，古国名，亦作夫余、夫于，是中国古代东北部族濊貊的分支。扶余国后来又再发展成为北扶余、东扶余、卒本扶余（即高句丽）和南扶余（即百济）等四个国家。高句丽和百济的王室皆来自扶余。扶余人聚居于吉林、黑龙江地区。扶余国公元前2世纪立国，公元494年东扶余国被高句丽所灭（一说为肃慎族系的勿吉所灭），历时约700年。

④火玉，或即能发热的、红色的玉。

⑤斗，古代市制容量单位，十升为一斗，十斗为一石。

⑥积，堆积。

⑦然，通"燃"，燃烧。

⑧鼎，古代烹煮用器物，一般三足两耳。

⑨之，进入。

⑩挟纩，音夹框，将细棉絮装入衣衾内。

⑪《汉武内传》又作《汉武帝内传》《汉武帝传》，共一卷。传为汉班固或晋葛洪撰，皆无确据，实为后人伪托。书自汉武帝出生时写起，直至死后殡葬。其中略于军政大事，而详于求仙问道，道教意味浓郁，被收入《道藏》等丛书。

⑫六出，即六角。

玉神人　红山文化　故宫

⑬《广志》，晋郭义恭撰，属博物志类书籍，内容涉及农业物产、野生动植物、辨别宝玉石、杂物等。

⑭赤，红色。

[评析]

目前所知东北地区有岫岩玉。岫岩玉是红山文化的玉材之一。红色玉今尚未见，或为受沁后变红色。岫岩玉中的河磨玉见有褐红、褐黄等皮色。岫岩玉多属阳起石玉；少量属透闪石玉，俗称老岫岩。

楚玉

《战国策》①：楚②有和璞③。

《广雅》④：珵⑤，楚玉，理六寸，光自照。

鲁玉

《逸论语》："璠玙⑥，鲁之宝也。"孔子曰："美哉璠玙，远而望之奂⑦若也；近而观之，瑟⑧若也。一则理⑨胜，一则孚⑩胜。"

齐玉

《广理》：珋，齐玉。

晋玉

《广雅》：璑，晋玉。

周玉

《战国策》：周有砥厄。⑪

宋玉

《战国策》：宋有结绿⑫。

梁玉

《战国策》：梁有悬黎⑬。

钟山玉

《淮南子》⑭：钟山之玉，炊⑮以炉炭，三日三夜而色泽不变，得天地之精也。

山玉

《山海经》：青立小华石脃、大时魃山、中首崦嵫带山、大咸潘侯乐游和山、放臬管涔狐歧狂山、北嚻湖山、闻教山、景山、锡山、箕尾超山、历山、尸山、厖山、讲山、婴梁敏山、骄山、女儿陆鄌若山、帝涿山、即谷游戏毕山、声匈崒（mǐ）山、钟山、瀚次皆产良玉。

[注释]

①《战国策》，国别体史书，主要记述了战国时期纵横家的政治主张和策略，展示了战国时代的历史特点和社会风貌，是研究战国历史的重要典籍。西汉末刘向编订为三十三篇，书名亦为刘向所拟定。

②楚，即楚地、楚国，地望今主要属湖南、湖北地区。和璞应即指和氏璧或产于其地与和氏璧玉质类似的玉材。

③璞，未经雕琢的玉石，或内包藏玉的石头。和璞又称和氏璧、荆玉、荆虹、荆璧、和璧，与隋侯珠齐名，为天下两大奇宝之一。最早见于《韩非子》《新序》等书记载，传为琢玉能手卞和在湖北荆山发现，初不为人知，后获楚文王赏识，雕琢成器，称和氏璧，成为传世之宝。后被秦始皇改制成玉玺，五代时失之于战乱。

④《广雅》，三国魏时张揖撰。该书依《尔雅》体例补所未备，收字18150个，是我国最早的一部百科辞典。

⑤珵，音呈，美玉。

⑥璠，音凡。璠玙，同"玙璠"。

⑦奂，鲜明的样子、繁盛的样子。

⑧瑟，即璱，鲜洁的样子。

⑨理，结构，纹理。

⑩孚，美色，颜色和悦。

⑪《战国策·秦策》："臣闻周有砥厄，宋有结绿，梁有悬黎，楚有和璞。"《史记·范雎蔡泽列传》"砥厄"作"砥砨"，皆美玉名。砥厄为周室镇国之宝，相传为周文王姬昌于岐山所遇。当时商纣王无道，听信妲己谗言，把姬昌关在朝歌。其长子伯邑考为救父亲，进献给纣王无数宝物，其中就有美玉砥厄。妲己对美玉爱不释手，见她高兴，纣王才下令释放姬昌。后周武王姬发灭商，宝玉重归周室。武王以为砥厄于周有大功，能去厄辟邪，便命巧匠将宝玉刻成玺印，上刻"天子之玺，以德配之"。该宝物一直传至周赧王，为周王王权的象征。

⑫结绿，美玉名。

⑬悬黎，玉石名。

⑭《淮南子》，西汉淮南王刘安主持撰写的论文集。该书在继承先秦道家思想的基础上，综合了诸子百家思想中的精华部分，对后世研究秦汉时期文化起到了不可替代的作用。

⑮炊，烧的意思。

[评析]

《说文》释玉为石之美者，并收录了不少美玉之名，其名因地而异，上文所录皆是。《山海经》罗列了出产玉石的众多山脉之名称，从一个侧面说明古代被视为玉的，种类很多，亦与《说文》对玉的阐释相吻合。

和璞、瑾皆为楚地所产美玉之名。湖北天门新石器时代晚期石家河文化出土的玉器，其玉料应属就地取材。所谓瑾或和璞，或即指类似石家河玉器之玉材。

《西域闻见录》：去叶尔羌二百三十里有山曰米尔台搭班（搭班亦作达坂，回言山也）。遍山皆玉，五色不同，然石夹玉、玉夹石。欲求纯玉无瑕大至千万觔者，则在绝高峻峰之上，人不能到。土产犁牛惯于登陟，回子携具乘牛攀援锤凿，任其自落而取焉，俗谓之磠子石，又曰山石。

《西域水道记》：密以岱山，山峻三十许里，四时积雪。谷深六十余里。山三成。下成者麓，上成者巅，皆石也。中一成则琼瑶函之，弥望无际，故曰玉山。采者乘犁牛至其巘（yǎn），凿之坠而后取。往往千万觔。山与玛尔瑚鲁克山峰峦相属，玉色黝而质坚，声清越以长。

[评析]

上述两条记载皆涉及新疆叶尔羌地区的一个重要的产玉地点。米尔台搭班或密勒塔山，即今新疆叶城县的密尔岱（密勒塔山）地段，是新疆最著名的两大产玉区之一，主要出产青白玉、青玉山料，白玉稀少。清乾隆时期大量开采。较之河中所采，体块明显巨大，有重达万斤者。清代制作大件器物，如玉山子，大多使用密勒塔山所产玉石。故宫珍宝馆陈列的著名的大禹治水、关山行旅、会昌九老玉山以及海水云龙纹瓮，皆采用密勒塔山青玉所制。山玉是相对水玉而言的。

水玉

《山海经》：泰冒之山，洛水出焉，其中多藻玉[①]。龙首之山，若水出焉，其中多美玉。放高之山，明水出焉，其中多苍玉[②]。黄酸之水，其中多璇玉[③]。

［注释］

①藻玉，带彩纹的玉。
②苍玉，青绿色玉。
③璇玉，次于玉的美石。

［评析］

《山海经》的记载表明玉石产地与山水的密切关系，且因地质条件的不同，玉石的质量、成色亦有异。

《列仙传》：赤松子，神农时雨师，服水玉[①]。
《丹铅总录》：水碧，水玉也。《山海经》：耿山多水碧。
《墨子》：大药有水脂碧。

［注释］

①水玉，产于水中之玉。一说水晶古称水玉，意谓似水之玉，又说是"千年之冰所化"。服玉系指服用玉屑，道家传统，据说能长生不老，盛行于两晋南北朝时期。

白玉河　　　　　绿玉河　　　　　葱岭阴

[评析]

水碧、水脂碧皆为水玉。

《天工开物》：凡玉，映月精光而生，故国人沿河取玉者，多于秋间明月夜，望河候视玉璞堆聚处，其月倍明亮。凡璞随水流，仍错杂乱石浅流之中，提出辨认而后知也。白玉河流向东南，绿玉河流向西北。亦力把力地①，其地有名望野者，河水多聚玉。其俗以女人赤身没水而取者，云阴气相召，则玉留不逝，易于捞取。此或夷人之愚也。

[注释]

①今新疆西部。

[评析]

从《天工开物》的记载可知，新疆地区采玉之人，通常在秋天月明之夜去河边采玉。而且认为河中玉石堆积的地方，月光通常更加明亮。玉石随河水冲刷移动，错杂于其他石块之间，需捞出仔细辨认后才能识别。白玉河流向东南，绿玉河流向西北。亦力把力有个叫望野的地方，河水中玉石较多。当地习俗由女人裸身到河中采玉，说是因为阴气互相吸引，玉石不会随水流走，因此更容易捞取。这正如作者认为的，是夷人的愚昧想法。

水玉，相对山玉而言，指采自水中的玉石。产于山上的玉石，因岩石风化或雨水冲刷，随山洪流入河水中，随波逐流。较为松散的外层因此剥落，留下致密细腻的内核。水玉因此较山玉体块明显小很多，而且玉质亦较优。

天智玉

《周书》：武王驰射，商师大崩。帝辛登廪台①取天智玉②珥③及庶玉④衣以自焚。庶玉则销，天智玉珥在火中不销。

[注释]

①廪台，即鹿台，相传为商纣王自杀处。
②天智玉，玉之上美者。所以天智玉是最好之玉。
③珥，玉制耳饰。
④庶玉，普通的玉。

[译文]

《周书》：武王亲自纵马弋射，商军大败。商帝辛登上廪台，取戴上天智玉珥，穿上庶玉玉衣自焚。庶玉因火烧毁，天智玉珥则经火而犹存。

[评析]

天智玉指密度高、硬度大、色泽莹润的优质玉。庶玉指质量一般、普通的玉，硬度低、密度小的玉材比较容易腐蚀、受沁，如岫岩玉、南阳玉等。汉代墓葬出土玉衣多件，材质均非常普通，与记载正相吻合。

医无闾玉

《尔雅》：东南之美者，有医无闾之珣玗琪①焉。注：医无闾，山名。今在辽东。珣玗琪，玉属。

[注释]

①珣玗琪，玉石名。

[评析]

医无闾玉，即今之岫岩玉，产于辽宁省岫岩县，分蛇纹石和透闪石两种。后者又分老玉即山料玉和河磨玉两类。辽宁海城小孤山距今12000年的旧石器时代晚期古人类洞穴遗址所出三件砍砸器即以蛇纹石制作。兴隆洼文化、红山文化玉器大部分采用岫岩透闪石制作，应是古代东北地区先民就地取用之玉石。岫岩玉在晚清时期大量开采，又称新山玉或苏州玉。

蓝田玉

《京兆记》：蓝田出美玉，如蓝①，故曰蓝田。

《汉书·地理志》：京兆之蓝田山，出美玉。

《名医别录》：蓝田出好玉。

《天工开物》：玉入中国，贵重用者尽出于阗葱岭。所谓蓝田即葱岭，出玉地别名，而后世误以为西安之蓝田也。

[注释]

①蓝，植物名，品种很多，如蓼蓝、菘蓝、木蓝、马蓝等。

[评析]

蓝田玉主要分布于陕西省蓝田县玉川、红星乡一带，为蛇纹石化大理石，硬度一般小于摩氏6度，多不透明。其中玉质最佳者为苹果绿色，杂质少，透明度高，俗称翠绿。据检测，汉代茂陵附近出土的一件兽面纹铺首，即用蓝田玉所制。汉唐文献中颇多歌咏蓝田玉之作，表明当时开采、使用之盛。唯出土和传世品能确指为蓝田玉所制者，尚不多见。明代宋应星更误认为蓝田玉产于新疆和田葱岭一带。

岱舆山玉

《拾遗记》：岱舆山西有玉山，其石五色而轻，或似履舄①之状。光泽可爱，有类人工。其黑色者为胜，众仙用焉。

琼玉

《竹书纪年》：夷王②二年，蜀人、吕人来献琼玉。宾③于河，用介珪④。

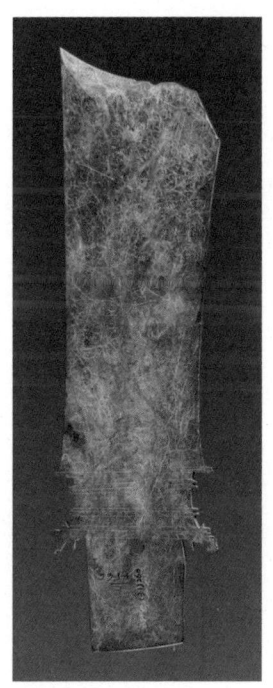

牙璋　商晚　四川广汉三星堆

[注释]

①舄，音戏，鞋。

②夷王即周夷王，姓姬，名燮，西周第八代国王。《史记》称他为夷王。夏商周断代工程将其在位时间定为前885至前878年。据相关青铜器铭文推测，其在位至少十二年。

③宾，迎接宾客。

④珪，圭之一种，礼器。

[评析]

琼玉可能即为今之龙溪玉。龙溪玉产于四川省汶川县龙溪乡，多为透闪石单矿岩石，硬度为摩氏6度左右，呈各种深度的绿色或青灰、灰白色。其矿物质特征与四川商周三星堆、金沙遗址所出玉器材质基本一致，应是该时期成都平原玉器原料的重要来源地。

荆山玉

《外史》：鲁王爱玉。有楚人持玉鼎以进，曰："此荆山之美玉①也。"

[注释]

①荆山美玉，荆山产的宝玉，比喻极其珍贵的东西。荆山，山名，今在湖北南漳县西，据说和氏璧即出自此山。曹植《与杨德祖书》："人人自谓握灵蛇之珠，家家自谓抱荆山之玉。"

[评析]

湖北地区目前所知最有名的玉器为石家河文化玉器。石家河文化是中国长江中游地区的新石器文化，因湖北天门石家河遗址群而得名。主要分布在湖北及豫西南和湘北一带，为承袭屈家岭文化演变而来，年代距今约4000～4600年。琢玉工艺特色鲜明，玉器有人面雕像、兽面雕像、玉蝉、玉鸟、玦、璜形器等，都属于小型玉器。

所谓荆山之玉，是否即石家河文化时期玉器所用之玉料，尚有待进一步研究。

卞和玉

《史记·楚世家》注：卞和得玉璞①，献武王。王出示玉人②，玉人曰："石。"刖其右足。复献文王，玉人复曰："石也。"刖其左足。至成王时，卞和抱璞哭于郊。乃使玉尹③攻之，果得宝玉。

[注释]

①玉璞，指外面还包着玉皮的玉石。
②玉人，宫中治玉之人。
③玉尹，宫中治玉之人。

[评析]

这是一则非常有名的故事，说明了一个十分真实的道理。一般玉石表面因为有玉皮包裹，很难看到内里的真正材质。只有去掉玉皮或剖开后才能看到内核。因此，判断带皮玉料内里的情况，需要相当丰富的经验。

九华玉

《西京杂记》：高祖斩蛇剑上有九华玉饰。

[评析]

九华玉，或即安徽九华山所产之玉。凌家滩新石器时代晚期玉器是当地目前所知最为著名的遗存。凌家滩遗址于1985年发现于安徽省含山县铜闸镇凌家滩村，遗址总面积约160万平方米，经测定距今约5300年至5600年，是长江下游巢湖流域迄今发现的面积最大、保存最完整的新石器时代聚落遗址。出土的玉龟甲、玉版、玉龙、玉鹰、玉龙，皆颇具特色。与红山文化、良渚文化共称中国新石器时代晚期最为著名的考古学文化。

九华玉是否即凌家滩文化玉器所使用之材料，有待进一步考证。

交州①玉

《广志》②：白玉美者可以照面，出交州。

倭国③玉

《广志》：青玉出倭国。

瀛洲④玉

《志玉》：一产海外瀛洲。

珠勒国⑤玉

《志玉》：一产珠勒国。

忠州⑥玉

《志玉》：一产四川忠州。

玉工具　绳纹时代中期至晚期　寺地

锛　俄罗斯 Glazkovskaya 文化

耳饰　台湾卑南文化

阶州玉

《志玉》：一产陕西阶州。

卢容玉

《志玉》：一产安南国⑦卢容水中。

罽宾国⑧玉

《西域传》：罽宾国出璧流离⑨。

[注释]

①交州，古地名，包括今天越南北、中部和中国广西的一部分。东汉交州治番禺，即今广州，辖今两广及越南北部。吴分交州为交州和广州，广州治番禺，交州治龙编（在今越南河内东），交州辖今越南北部和两广的雷州半岛和钦州地区。

②《广志》，晋郭仪恭撰。

③倭国，古代史籍中指日本。

④瀛洲，传说中的东海仙山。瀛洲，语出汉东方朔所撰《海内十洲记》，记载汉武帝听西王母说大海中有祖洲、瀛洲、玄洲、炎洲、长洲、元洲、流洲、生洲、凤麟洲、聚窟洲等十洲，便召见东方朔问十洲所有异物。据称瀛洲在东海中，地方四千里，大抵是对会稽，去西岸七十万里。上生神芝仙草。又有玉石，高且千丈。出泉如酒，味甘，名之为玉醴泉，饮之，数升辄醉，令人长生。洲上多仙家，风俗似吴人，山川如中国。

⑤据朱鹤龄（1606～1683）《李义山诗集注》，珠勒国在日南。其人乘象入海底取宝，宿于鲛人之宫，得泪珠，则鲛人所泣之珠也，亦曰泣珠。

⑥忠州，即今忠县，位于重庆市中部。

⑦安南国，即今之越南。

⑧罽宾国，位于今印度北方地区。

⑨流离，一指玻璃，一指彩色釉陶。此处当指玻璃。璧流离即玻璃璧。

[评析]

  上引文献所述之玉，应为当地出产的各种美石，不一定是当今狭义的透闪石——阳起石玉。新石器时代诸遗址所出土之玉器，多就地取材而制作。除上文提及的和田、蓝田、岫岩玉之外，现知古代开采、使用的玉料尚有独山玉、小梅岭玉、花莲玉等。独山玉产于河南省南阳市北郊的独山，是一种蚀变辉长岩，颜色杂，硬度在摩氏 6.5~7 之间，多不透明或半透明，早在新石器时代仰韶文化时期即已被开采使用。据研究，安阳殷墟妇好墓所出玉器，部分为独山玉质。收藏于北京北海团城的元代渎山大玉海，为目前所见最大的独山玉雕作品。小梅岭玉产于江苏溧阳县小梅岭村东南的茅山支脉上，为透闪石软玉，呈白至灰白或青绿色，质地细腻，透明度好，硬度在摩氏 5.5~6 之间。据检测，小梅岭玉中品质较好的透闪石玉与江苏武进寺墩、吴县草鞋山等地出土的良渚文化部分玉器相同或相近，可知小梅岭是良渚文化玉器原料的重要产地之一。花莲玉产于台湾中部花莲丰田乡山脉中，属于蛇纹岩型，呈各种深度的绿色或淡黄、蜜黄色，是台湾卑南文化玉器的主要原料。此外，尚有南方玉（又称信宜玉，产于广东信宜县）、酒泉玉（又称祁连玉，产于甘肃省酒泉市附近的祁连山中）、京黄玉（产于北京十三陵老君堂）、会理玉（产于四川省会理县）、陆川玉（产于广西省陆川县）、都兰玉（产于青海省都兰县）等。

释 名

玑

《字汇》：音玑，玉名，亦作蚪。

玒

《说文》：玉名也。《集韵》：音洪。

珣

《说文》：玉名。

玣

《玉篇》：音姊，玉名。

琪

《广韵》：玉也。

玕

《正韵》：音干。《山海经》：开明北有玕琪树。注：玕琪，亦玉属也。

珋

《川篇》：音师，玉名。

珨

《集韵》：音箱，玉名。

坪

《集韵》：音平，玉名。

瑝

《奚韵》：音平，玉名。

珨

《集韵》：音扶，玉名。

玹

《正韵》：音悬。《广韵》：玉名。

珅

《集韵》：音中，玉名。

球

《广韵》：美玉也。

琠

《集韵》：音烟，玉名。

珖

《集韵》：玉名。

玥

《玉篇》：玉也。

珹

《玉篇》：玉也。

琡

《集韵》：玉名。

瑽

《篇海类编》：音朵，玉名。

琦

《广韵》：玉名。

珲

《集韵》：音魂，美玉。

瑅

《集韵》：玉名，或作珶。

瑈

《广韵》：玉名。

璕

《玉篇》：玉名。

琼

《集韵》：玉也。

璚

《字汇》：音荧，亦玉也，同琼。

琄

《集韵》：玉名。

瑧

《字汇》：音津，玉名。

莹

《韵会》：玉似石。

璜

《集韵》：玉名。

瑭

《博雅》：玉名。

瑰

《山海经》：西王母之山爰①有璇瑰，亦玉名也。

琼

《玉篇》：玉也。

瑃

《集韵》：玉名。

璼

《集韵》：玉名。

瑿[②]

《正韵》：黑玉。旧注美石黑色，误。

琁

《说文》：美玉也。《集韵》：音琼，赤玉也。

璷

《集韵》：玉名。

璊

《说文》：三采心[③]也。徐曰：三采朱苍白[④]也。《博雅》：玉名。

璙

《集韵》：玉名。

𤩍

《集韵》：玉名。

璙

《说文》：玉也。

瓌

《字汇》：与瑰同。

瑰

 《字汇》：同瓌。

瓌

 《广韵》：与瑰同。

玈

 《博雅》：碧玈，玉名。

玺

 《集韵》：玉名。

璵

 《广韵》：玉名。

瑪

 《广韵》：玉名。

琅轩

 《广韵》：琅轩，玉名。

璚琈

 《集韵》：玉名。

玥

 《川篇》：玉名。

琠

《说文》：玉名。

玡

《集韵》：玉名。

珻

《集韵》：音枚，玉名。

琨

《博雅》：琨，玉名。

琣

《集韵》：玉名。

玮

《广韵》：玉名。

瑐

《集韵》：音剪，玉名。

瑀

《集韵》：玉名。

璈

《说文》：玉也。

珛

《广韵》：玉名。

珣

《说文》：玉名。

珒

《集韵》：玉名。

琛

《字汇》：音隋，玉名。

珦

《说文》：玉名。

琇

《集韵》：玉名。

琸

《集韵》：玉名。

瑇

《集韵》：音代，玉名。

瑓

《集韵》：音练，玉名。

璐

《玉篇》：美玉也。《说文》：玉名也。

瑯

《集韵》：音向，玉名，同珦。

瑪

《玉篇》：玉名。

瓎

《集韵》：音蓝，玉名。

瓋

《集韵》：音剌（拉），玉名。

瓙

《玉篇》：音导，玉也。

玗

《类编》：玉名。

琺

《川篇》：音法，玉名。

珢

《穆天子传》：采石之山，有珢瑶。《郭璞注》：玉名。

球

《玉篇》：玉名。

珎

《广韵》：玉名。

玐

《字汇》：音八，玉名。

珒

《集韵》：音津，玉名。

玢

《字汇》：音无，玉名。

瓑

《集韵》：玉名。

瓂

《字汇》：音歷，玉名。

瓒

《说文》：名玉。

瓓

《广韵》：玉名。

瓆

《字汇补》：玉名，音未详。

[注释]

①爰，代词这里，那里。
②䃇，音义。黑色的美石、黑玉或黑色琥珀（光下则为红色）皆称䃇。
③三采心，同时具有三色的玉。
④朱苍白，即红、黑、白。

[评析]

汉字中，"王"字旁的字都与玉石相关，即石之美者，包含各种有机、无机类宝石、半宝石。在这一概念下，玉、翡翠、红宝石、蓝宝石、玛瑙、水晶、青金石、绿松石、碧玺、琥珀皆可视为广义的玉。古所谓玉具五色、十色之说，盖与此相关。现代狭义的玉，仅指透闪石——阳起石玉。

玉文①

玢、理、瑕、璘、瑞。

玉采②

瑛、玻、瓼、璼、琈。

玉光③

珵、璄(音景)、现琗、璀璨、璘彬。

玉貌

璔、瑁。

玉病④

玷⑤（音店）、璓（音秀）、玊（音素）、瑕⑥、璺、瓅、璃。

玉工⑦

珮、璙、瑂、珀、理、琢、瑻（音棍）。

玉声⑧

玑、瑝、瑢、琐、璛、玱（音腔）、琤、瑽、鉴、玎玲。

玉色⑨

鳖、碧、璀、玈、玵、琼、璘、瑎（音谐）、瑳（音搓）、顿（音尔）、瑕、玖、玭、莹。

[注释]

①文，通"纹"，结构、纹理的意思。

②采，通"彩"，指玉的光彩。

③光，光泽的意思。

④病，意即玉的瑕疵。玉质干涩、不致密、有杂质、有绺裂皆被视为玉病。

⑤玷，指有杂质。

⑥瑕，指有斑点、绺裂。

⑦工，指玉的加工方式。

⑧声，指敲击玉石时发出的声响。

⑨色，指玉的颜色。

[评析]

玉文，即玉之纹理，指其矿物结构。玉采指玉的纹理、色彩、光泽给予

青玉圭　汉　　　　白玉竹节形盒　辽　　　白玉雕蟠龙带扣　清

人的综合印象。玉光，即玉之光泽。玉材光泽之美，需精心抛光后，才能完美地加以呈现。玉病，即玉之瑕疵。玉色不纯、色泽不润、绺裂、絮斑，是常见的瑕疵。玉工，即玉的加工方法。清末李澄渊《琢玉图》将琢玉工序分为十二道工序，即捣沙、开玉、扎碢、冲碢、磨碢、掏膛、上花、打钻、透花、打眼、木碢、皮碢等主要流程。玉声即以物击玉或玉石相互碰撞发出的声音。玉色，即玉的颜色，也是玉材分类的一种方式。常见有青玉、白玉、青白玉、碧玉、黄玉、与白玉共生的墨玉、与白玉共生的糖玉以及墨玉。黄玉相对较少，色若蒸栗者尤为难得，带绿色的青玉则非常罕见。文献所谓五色玉包含赤玉，但目前无论出土还是传世玉器皆未见红色玉。

碧玉盒　清　　　　　黄玉壶　清　　　　　白玉墨玉双孔花插

玉雅　47

墨玉辘轳环　清　　　　　　　青玉绿玉桃　清

玉别名

玄真

《抱朴子》：服玄真者，其命不极。注：玄真，玉别名。①

[注释]

①可知玉在古代又称玄真。玄真本为道教隐宗对"道"境的称谓，又名妙真。名源于玄妙真咒：玄不可知，妙不可言，谓之玄真，谓之妙真。

雕　琢

古代攻玉

《周礼·考工记》：玉人掌攻玉之职。

[评析]

在玉器商品化之前，玉器的制作由最高权力机关控制，并有专人负责。两周的玉人、汉代的尚方、唐宋工部少府监、明代御用监以及清宫造办处的玉作、如意馆，皆负责皇家玉器的制作。唐、宋以后，民间玉作坊亦获发展。

《玉纪补》[①]：秦之玉作在陕西之万村。吴之玉作在浙江之安溪。

[注释]

①《玉纪补》是稍迟于《玉纪》的一篇古玉论说，作者刘心涫，字心白，生平不详，约为清代光绪年间人。

[评析]

早期玉器加工地多近玉石产地，且有河流经过。浙江、陕西等地均见有考古发现之玉石加工场遗址、遗迹及遗物。

《玉纪》[①]：三代[②]以上制作款式各有不同。夏尚忠，雕刻极细，如发。尝有玉上镶嵌金丝、宝石者（镶嵌系夏制，今人呼商嵌[③]者，讹。犹之宋刻，乃周时宋国人所刻，今世传作宋朝人所刻，谬矣)。商尚质④,雕刻朴素,少文。周尚文⑤,雕刻细密而缛⑥。

[注释]

①《玉纪》一卷,陈性撰,成书于道光十九年(1839年),是一部记叙我国古玉的专书。分出产、名目、玉色、辨伪、质地、制作、认水银、地土、盘功、养损、忌油污等条目。陈性,字原心,清代嘉道年间人。

②三代指夏、商、周。

③商嵌一词开始出现的时间待考,但清代使用较多。清宫活计档中常见。

④质,质朴。

⑤文,通纹,即纹饰。

⑥缛,繁缛。

[评析]

考古出土可确认的夏代玉器非常罕见,且多为光素。《玉纪》所谓夏玉"雕刻极细""如发",可能指的是类似新石器时代晚期良渚文化玉器的夏玉。这些玉器上的纹饰系锐器刻画而成,线细如发。商代出现青铜治玉工具,玉器以殷墟妇好墓所出者最具代表性,线条疏朗、刚劲,转折处不圆滑。西周玉雕纹饰以双钩、坡刀最具特色,线条优美、流畅。

玉蚩尤环　良渚文化

青玉鸟　商

白玉雕人兽璜式佩　西周

青玉龙首玉带钩　春秋

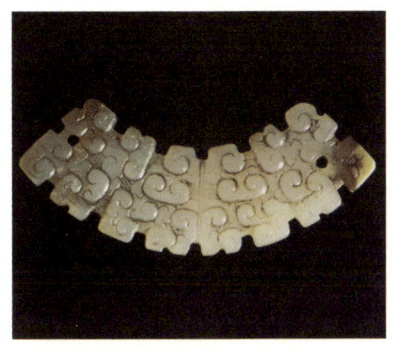

白玉勾云纹璜　战国　河北平山中山国1号墓

春秋玉器纹饰满密，且受同期金器的影响，浮雕、阴刻结合，纹饰开始具有立体感。战国玉器线条遒劲有力，出现游丝线条，开汉代玉雕风格先河。这与铁质治玉工具的出现分不开。

《珍玩续考》：古玉器有奇特细巧非人所能雕琢者，多传鬼工[1]所为。予曰非也。此皆昆吾[2]刀及虾蟇肪（脂也）所刻。按《本草》：玄虾蟇能合玉石。陶隐居[3]亦云：其肪涂玉，则刻之如蜡。但肪不可多取。得肥者剉煎膏以涂玉，亦软滑易琢。惜未尝试耳。

[注释]

①鬼工，亦即鬼斧神工之义，表明技艺高超非人类所能胜任。清代牙雕有鬼工球者，含义相同。

②昆吾，即昆仑山。

③陶隐居应即陶渊明。

[评析]

《珍玩续考》不知何人何时所撰。昆吾刀是文献记载的一种治玉工具，据说能削铁如泥。明代玉雕巨匠陆子刚据记载亦使用昆吾刀。但其确为何物,一直无定论。近有研究者认为所谓陆子刚昆吾刀,亦系讹传。学者研究认为子刚懂得在同一件玉器上经营不同的趣味,纹饰线条既满足了江南文人对"滑熟可爱"的要求,又在落款时刻意留下类似徒手篆刻所产生的锉刀痕,从而产生"工致偲古"的古意。能软玉的"肪",亦未见。

《玩古》:三代所用之玉,入土而后出,形制皆朴茂浑成,谓之老三代。雕画精细,或如发丝。篆皆阴文,夏用鸟迹,商用鱼虫,周用大篆,秦兼用大、小篆,汉则小篆,此后并用隶、楷。汉以前纯系刀工,六朝始用旋车,以便雕镂。制作之工巧,以宋为最。

[评析]

《玩古》不知何人何时所撰。出土的古玉,因受沁表面发生改变,往往给人古穆之感。因玉料硬度高之故,汉之前未见在玉器上镌刻文字者。目前仅见汉代的刚卯、严卯刻有文字。宋代勒子表面双钩心经文字。明、清时期,特别是清代,玉器表面的文字始多见。明代玉器上的文字多古人或时人诗文;清代则多为帝王御制诗文及年款。《玩古》中提到的不同时代玉器上的不同字体,其实反映的是古代书法发展的大概脉络,与玉雕实则难以比附。所谓"汉以前纯系刀工,六朝始用旋车",显然与事实不符。旋车应即将砣具固定于水凳上的治玉之法。砣具、水凳的出现是治玉技术的重大

青玉海棠式盘　明

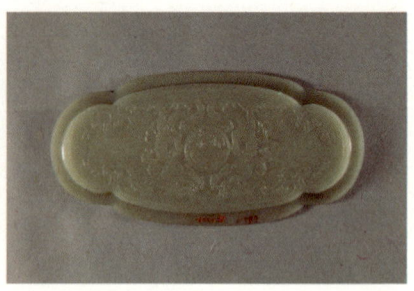

青玉海棠式盘　明

琢玉图

琢玉图

飞跃。商代已经开始使用砣具，已是共识。水凳的形象，最早见于明代《天工开物》。

近代攻玉

《天工开物》[1]：凡玉由彼地缠头回[2]，或溯河舟，或驾橐[3]驼，经庄浪入嘉峪而至甘州与肃州[4]。中国贩玉者至此互市而得之，东入中华，卸萃燕京。玉工辨璞高下定价，而后琢之（良玉虽集京师而工巧则推苏郡）。凡玉初剖时，冶铁为圆盘，以盆水盛沙，足踏圆盘使转，添沙剖玉，遂忽划断。中国解玉沙出顺天[5]玉田与真定[6]邢台两邑。其沙非出河中，有泉流出，精粹如面，藉以攻玉，永无耗折。既解之后，别施精巧工夫。得镔铁[7]刀者，则为利器也（镔铁亦出西番哈密卫，砺石中剖之乃得[8]）。凡玉器琢余，碎取入钿花用。又碎不堪者，碾筛和灰涂琴瑟。琴有玉音以此故也。凡镂刻锐细处难施锥刃者，以蟾酥[9]填画而后锲[10]之。物理制服殆不可晓。

玉 雅　53

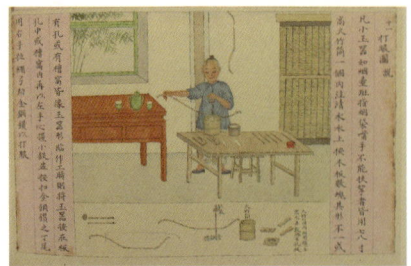 

打眼图　　　　　　　　开玉图

 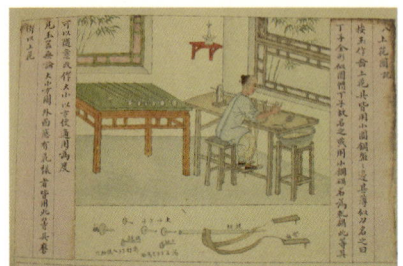

皮砣图　　　　　　　　上花图

掏膛图

[注释]

①《天工开物》，明代科学家宋应星所撰。初刊于1637年（明崇祯十年），是世界上第一部关于农业和手工业生产的综合性百科全书式著作。

②新疆地区居民因信奉伊斯兰教，头缠白巾，而在汉文文献中被称为缠头回。

③橐，音驮。

④庄浪、嘉峪关、甘州、肃州皆在今甘肃境内，是丝绸之路的必经通道。

⑤顺天，即今北京。

⑥真定，即今河北。

⑦镔铁，又称"宾铁"，古代的一种钢，把表面磨光再用腐蚀剂处理，可见花纹。原产波斯（今伊朗）、罽宾（今克什米尔）、印度等地，约在南北朝时传入中国。"镔铁"最早见于隋代的《不空罥索咒经》，初唐的《周书》《隋书》亦有相关记载。唐代慧琳《一切经音义》有"镔铁"最早的词义解释。镔铁主要用来制作刀剑，镔铁剑极其锋利，有"吹毛透风"之誉。从文物考古和文献资料来看，中国中原地区一直缺乏镔铁生产的可靠证据。镔铁的神奇因此亦得以代代相传。

⑧镔铁产自石中，显然为无稽之谈。谓其出自西番卫，则清楚地表达了其来自西域的特征。至于新疆地区有无镔铁的冶炼制作技术，仍有待研究。

⑨蟾酥，相传可以软玉之物。

⑩锲，雕刻。

[评析]

明代新疆地区为蒙古人后裔建立的叶尔羌王朝所统治，当地缠头回往往将玉石运往明代领地进行贸易。但当时经贸易或进贡进入明境的玉团往往不堪用而被边疆官员所退，因此也引发了官府与缠头回之间的冲突。17世纪正值印度莫卧尔王朝玉雕艺术的鼎盛期，玉质精美，工艺高超。明代玉器无论材质或工艺与之相比均相差甚远。

《中国美术》：中国玉工所用器具，皆完备足用。其知此法亦甚早。若溯其源，当亦来自西方，似为迦勒底①及苏西拿人②所发明，然后自其地东行中国，西及欧洲，南至印度者。惟其传播之时确在何期，则代远年湮，莫可考矣。近之欧人虽科学进步，机器之制造日精，然于制玉之器仍未有新发明，不过能利用蒸气电气之力，催动旧式之旋槃，使之运转加速耳。中国人所用之旋槃亦与西方同，惟不用机器，而用往复回转之轮轴上下起落之踏木。工人两足踏木板牵动轮轴使转，手执玉器逼近圆槃蹉琢之。然其所持以剖者，又在解玉沙徐徐摩擦之力，而不在器利力猛也。解玉沙之制法，亦非易易。须先捣之使碎，磨之如面，经纱罗之筛，而后以水和之，使若浆糊然，乃可应用。其沙为北京工人所用者，共有四种。一黄沙，石英制成者也，剖石取玉时用之。二红沙，柘榴石制成者也，以圆槃剖玉成形象时用之。三黑沙，即金刚沙也，旋槃琢玉时用之。四珍珠砂，云南、西藏之红宝石制成者也，调以油用之，最后所以令玉器光滑润泽者也。凡大块玉璞，宜先用针锯去皮。其锯绳直而无齿，两端各二柄，二人对立曳之，时时蘸砂浆其上，石即分开。玉出后，先锯以成形。其锯形圆而利刃，亦为铁制，装于辘轳之轴端。置玉其下，蘸浆其上，即可从心应手，象所欲制之物。其廉隅凸凹之处，尚当用各种粗细不同之圆形铁锯，如上法更迭用之。迨廉隅尽去，玉痕已平，乃可用金刚钻锥成细孔，贯金丝于其间，镂成空花细纹也。玉之成器象形，固全赖各种精粗大小不同之铁锯，而欲于其表面雕成凸凹花纹，又当藉辘轳轮轴之力。轴之一端装铁钉一，平头而薄边。用时则以皮带缠轴系于踏木之上，两足踏之令转。转时一手执玉近轮下缘，一手以指蘸浆于轮上缘，徐徐锲之，则玉屑渐起矣。金刚钻之用法与轮轴相似，惟曳之令转不用足而用手。应用时于钻杆平悬一杠，两端系小石使下压之力始终平均如一。钻杆之身缠小绳，绳之两端分系于一木棍之两端，右手引木棍来往，则钻杆动而钻锋下穿。其玉器之尤小者，钻时则安置一木板上，板之四边有短墙，状如小船浮于木桶中。左手持钻，右手曳之，其下压之力以船不翻沉为度。故用力微而呈功巨，无虞破裂也。玉工所用器具，除上所述者外，尚有管状钻及圆凿等物。管状钻发明最早，上古世界各国皆有之。中国人所用者则为一圆铁管，旁有裂口一二可含金刚砂制成之薄浆。用时装之辘铲轴端，浸浆穿玉成孔后，再以各种小圆凿凿其中。凡各种花瓶、小罐，其腹中之玉皆用此法掘出者也。玉既经锯槃磋琢之后，形象已成矣。粗细花纹亦皆灿然毕具矣。然而其功犹未竣也。若欲其光润滑泽、华彩溢发，尚须大费摩挲拂拭之功。玉质之愈硬者，则费功愈久。玉人必静气平心，磨去其切痕，磋削其廉隅，循其脉理，依其花纹，反复摩挲拂拭，使其坚硬无上之质有流光溢泽之态，视之温润蕴藉，若自精致柔软之物质塑成者然。故中国人常比玉曰凝脂，又曰羊脂，诚象其形态而言之也。其摩擦器具，有用精细之木制成者，有用葫芦皮或牛皮制成者。用时皆蘸以珍珠砂之薄浆。若其器具仅为摩拭玉之广平面也，则其状如推轮装于辘铲之轴端，而运转之轮之大小不一，最大者其直径达十五寸。若其器具为摩擦玉之花纹隙际及瓶罐之内腹也，则其状如木塞，或为大小不同之圆锥体。大者如柱，小者若针，运用时亦装于轴端，而旋转之，与圆铁槃同。

[注释]

①迦勒底人是闪米特人的一支，于公元前1000年左右来到两河流域南部定居，前626年建立巴比伦王国。

②苏西拿人亦应是古代两河流域的先民。

[评析]

中国治玉技术和工具为中国先民所发明、改进，而非来自西方，这一点毋庸置疑。引文详细介绍了中国传统治玉工具水凳的结构、原理、运作方法，解玉砂的制作、分类和在治玉各个阶段的使用，治玉的工序、每道工序所使用的用具、方法，与当代玉器加工法几无二致，只是人力变成了机械动力，大小砣具、转盘本身制作时已经包含了解玉砂，而不需要在制作过程中随时添加了。生产的效率因此有极大提高。

释 器

大圭

《周礼·典瑞》：王晋①大圭。注：带插②曰晋。大圭长三尺，朴素无文。

《玉人》：大圭三尺，杼上③，终葵首。天子服之。注：杼，杀也。终葵，椎也。

［注释］

①晋，通"搢"，插的意思。
②带插，即插在腰带上。
③杼上，渐次收窄。即所谓"杀"。

［评析］

晋，又作搢，指祭祀时帝王将大圭插于特定之所，而非插在腰带上。"三尺"指大圭的长度。前人早就已对三尺长的圭插在腰带上的说法提出异

碧玉《搢圭说》圭

青玉圭　西汉　河北满城中山靖王刘胜墓　　青玉圭与璧　汉　　　明代青玉圭璧

议,因为不便于祭祀时的行动。"杼上,终葵首"指大圭上端内收呈三角形,顶端聚于一点。祭祀场合皇帝持大圭并将之插于固定之所的做法,唐、宋、金、元、明皆有记载,清代则未承此礼。乾隆帝曾作《搢圭说》,对大圭及搢圭细作考证。该诗文镌刻于多件清代玉器之上。

　　商周时期的礼器,不少自实用石器发展演变而来,如圭,其造型源于锛、斧类器。目前最早的玉圭见于山东日照两城镇的新石器时代龙山文化遗址,长方形,一端平直,另一端出刃,两面阴刻戴介字冠的神兽图案。夏代玉圭基本沿袭新石器时代的形制,但带穿孔,装饰弦纹,并出现了尖首圭。西周玉圭亦分两类,平首和尖首。尖首圭相对夏代玉圭而言,形体明显变短,且多光素。两者均为陕西扶风黄堆村25号墓所出。东周时期玉圭、石圭、陶圭皆有所见,分有穿孔和无穿孔两类,长短不一。河南辉县固围村魏国墓地的两座祭祀坑出土玉圭6件。河南洛阳中州路东周墓葬所见石圭达54件之多,分布于死者身边以及棺椁之上、棺椁之间。此外,山西侯马和河南温县祭祀遗址皆见镌刻盟誓的玉圭。可见玉圭在当时的礼制生活中扮演非常重要的角色。秦汉时期,玉圭偶有所见,陕西西安北郊联志村祭祀坑玉圭与玉璜同出,而在咸阳汉昭帝平陵陵园内则见玉圭与玉璧同出。山东烟台芝罘原阳主庙后殿秦代祭祀坑出土的玉圭放于璧孔中央,

青玉带皮谷圭　明

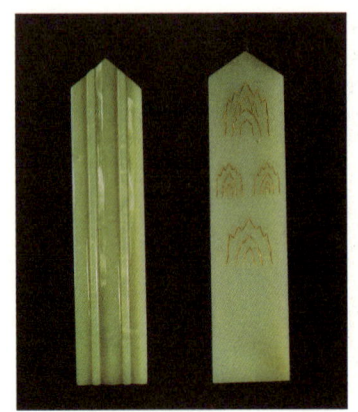
青玉圭　明　北京定陵

明清时期的连体圭璧，应源于此。汉之后玉圭罕见。明代玉圭多光素，或表面装饰谷纹或联星、山纹，圭的形制多较大。清代玉圭，尖首，圭身由上而下略内收。

玉圭是中国传统礼仪玉器中的一个从未间断过的、重要的系列。直至明代，一直是地位和权威的象征。新石器时代晚期开始出现的玉圭，源于作为生产工具的玉斧或玉铲，为部族首领所专享，是文明起源的重要标志。《周礼·春官·典瑞》中所列各种玉圭，都是代表统治阶级等级和权力的瑞玉。这种独特的功能，是由龙山文化玉圭所奠定的。

玉珪

《起居注·相国表》：日近于长安，获张衡所作浑仪玉珪。①

《尔雅》：珪大尺二寸谓之玠。

《荀子》：聘人②以珪。

《云烟过眼录》：何道士所收古玉珪，云出自土中，玉色类斑玞，长一尺三寸五分，厚八分。其上甚锐，其所执处隆起二分，其底有窍，广一寸，而堕或半寸许，与他圭制绝异。当考。

[注释]

①史传张衡制浑天仪。浑仪玉珪或为浑天仪上的构件。

②聘人指王召远方之臣下。

[评析]

上引文献所谓珪,功能并不单一,或是浑天仪构件,或是作为凭信。不明为一物或实为二物。

元珪

《禹贡》:禹锡①元圭。

《瑞应图》:王者勤苦,以忧天下,厚人薄己,卑宫室而尽力乎沟洫,则元珪出。禹时,天以赐禹。又曰:四海会同,则元珪出。

青圭

《周礼·大宗伯》:以青圭礼东方。

土圭

《周礼》:土圭以致四时日月。

珍圭

《周礼》:珍圭以征守②,以恤凶荒③。注:珍圭,王使之瑞节④。

镇圭

《考工记·玉人》:镇圭尺有二寸,天子守之。

《周礼·大宗伯》:王执镇圭。注:镇圭,长尺二寸,琢四镇之山。

谷圭⑤

《周礼》：谷圭以和难⑥，以聘女⑦。注：琢谷于圭。《玉人》：谷圭七寸。

琢圭

《周礼·典瑞》：琢圭、璋、璧、琮以频聘⑧。《玉人》：琢圭八寸。

桓圭

《周礼·大宗伯》：公⑨执桓圭。注：桓圭长九寸，以桓楹⑩为琢饰。桓圭，象身之直。

信圭、躬圭

《周礼·大宗伯》：侯执信圭、伯执躬圭。注：信圭、躬圭皆长七寸，以人形为琢饰，象身之直。躬圭象身之屈。

祼圭

《周礼》：祼圭有瓒⑪，以肆先王，以祼宾客。注：于圭头为器，可以挹鬯⑫祼祭。《玉人》：祼圭尺有寸二，天子用全，公用龙，侯用瓒，伯有将。注：全，用玉也。龙，以龙为首，饰以玉也。瓒，以玉饰瓒也。将，祼圭之柄也，饰用玉。

琬圭

《周礼》：琬圭以治德⑬以结好⑭。注：上下皆圆曰琬圭。治德，谓旌其善也。

《考工记》：琬圭九寸而缫⑮，以象德。

琰圭

《春官·典瑞》：琰圭以易行，以除慝。注：琰圭有锋芒，为诛讨之象。诸侯有不善，使者征之，执以为瑞节也。

《冬官·巧工记》：琰圭九寸。注：凡圭，琰上寸半。琰圭，琰半以上又半为琢饰。

[注释]

①锡，通"赐"，赏赐。

②征守，征战、防御。

③恤凶荒，赈济灾荒。

④瑞节，即符节。

⑤谷圭，装饰谷纹之圭。

⑥和难，消弭灾难。

⑦聘女，迎娶女方。

⑧频聘，诸侯一起朝见天子。

⑨公，古代贵族爵位之一，依等级高低分别为五等：公、侯、伯、子、男。

⑩桓楹，古代天子、诸侯葬时下棺所植的大柱子。柱上有孔，穿索悬棺以入墓穴。《礼记·檀弓下》："公室视丰碑，三家视桓楹。"孔颖达疏："桓，大也。楹，柱也。"宋王谠《唐语林·补遗四》："桓楹，天子、诸侯葬时下棺之柱，其上有孔，以穿绋索，悬棺而下，取其安审，事毕即闭圹中。"又《唐语林·文学》："桓楹者，即今之华表也。"以桓楹为饰，指的可能是表面起凸棱以为饰。

⑪瓒，古代祭祀用的一种像勺子的玉器，以圭为柄。

⑫鬯，音唱。古代祭祀降神用的酒，用郁金草酿黑黍而成。

⑬治德，培养美好的品德。

玉 雅

⑭结好，和睦相处，情同朋友。
⑮缫，音搔，把蚕茧浸在滚水里抽丝。此指丝织品。

[评析]

《周礼》将圭的功能系统化，使不同的圭具有不同的功能，如用于祭祀、征战、符节、觐见帝王、结好、聘女、宴飨等。同时，圭亦是等级的标志，上至帝王，下及百官，依等级的不同，所执圭的大小、形制、纹饰亦不尽一致。《周礼》所载之圭，目前尚不能一一与实物相印证。清代曾依《周礼》制作玉圭，然不多见类似的出土或传世品。

祼圭其实是柄作圭形的酒器，与圭没多大关系。天子使用的祼圭整器以玉制作，公使用的则龙首部分以玉装饰，侯使用的勺形部分以玉装饰，伯使用的捉手的圭形部分以玉装饰。

四圭、两圭

《周礼·典瑞》：四圭有邸以祀天。注：邸①，本也。四圭有邸者，圭本著于璧，一玉琢成而其末四出也。《玉人》：四圭尺有二寸。

青玉圭璧　汉

《周礼》：两圭有邸①，以祀地旅四望。

[注释]

①邸，音底，本体。此处或指璧，即圭附着于璧之上。

[评析]

在玉璧上放置一至四枚数量不等的圭，使圭之首尾超出璧周的做法，在汉代及之前的遗址中已有所见，如山东烟台芝罘原阳主庙后殿秦代祭祀坑出土的玉圭，即放于璧孔中央。清代有将圭璧合为一器制作者，与两圭有邸或四圭有邸之说正合。

玚①

《说文》：圭尺二寸，有瓒②，以祠宗庙者。又通作鬯。

[注释]

①玚，音唱，即玚圭，通鬯圭，祭祀用的玉器。
②瓒，玉勺，古代以圭为柄的灌酒器。

[评析]

圭柄玉勺，宗庙祭祀用器。尚未见出土。

瓘①

《左传·昭公十七年》：若用我瓘、斝②、玉瓒，郑必不火。注：瓘，圭也。

瓒瓛

《说文》：三玉二石③也。徐曰：瓒，亦圭也。

《广韵》：瓛④，圭也。

[注释]

①瓘，音灌。即裸圭。

②斝，玉爵，古代酒器。

③三玉二石，一块玉石，玉占三分，石占二分。即不纯的玉。

④璜，音读。

[评析]

瓒璜应即用不纯的玉制作的圭。

瑊①珆

《说文》：同桓。桓圭，公所执。从献会意。

《类篇》：龙文②之圭曰珆。

[注释]

①瑊，音环，圭名。

②龙文，即龙纹，装饰龙的图案。

[评析]

公所持的装饰龙纹的圭。目前尚未见。

冒①

《周礼·玉人》：天子执冒，四寸，以朝诸侯。注：名玉曰冒者，言德能覆盖天下也。四寸者方。以尊接卑，以小为贵。

[注释]

①冒，同瑁。古玉器名，天子所执，用以合诸侯之圭。

碧玉《圭瑁说》圭　清

[评析]

　　玉瑁，目前尚未能从出土或传世玉器中辨认出。玉圭是中国传统礼仪玉器中的一个从未间断过的、重要的系列。直至明代，一直是地位和权威的象征。新石器时代晚期开始出现的玉圭，源于作为生产工具的玉斧或玉铲，为部族首领所专享，是文明起源的重要标志。《周礼·春官·典瑞》中所列各种玉圭，都是代表统治阶级等级和权力的瑞玉。这种独特的功能，由龙山文化玉圭所奠定。玉圭分平首、尖首两类。山东日照两城镇出土的龙山文化玉圭，平首有刃，无磨损痕迹，下部有孔，孔上下有阳线雕横向平行线，并装饰两个抽象兽面纹。其他散布于世界其他博物馆的传世龙山文化玉圭，与山东所出，具有类似的特征。所饰阴刻或阳文图案除兽面外，尚有人面纹、鸟纹。乾隆皇帝曾作《圭瑁说》，对圭瑁进行考证，并镌刻于玉圭之上。

玺

　　《说文》：玺者，印也。

白玉印　西汉　河北满城中山靖王刘胜墓

《汉官仪》：玺皆玉，螭虎纽，凡六，其文亦殊。

《文献通考》：高祖入咸阳，秦王子婴以玺降，乃始皇蓝田玉玺，螭兽纽，在六玺之外。

[评析]

中国古代玺印的起源，可追溯到商代晚期，经西周、春秋的发展，至战国时盛行。印本是执信之物，故有"印，信也"之说。据记载，秦以前玺印无尊卑之别，"民皆以金玉为印，龙虎钮"。秦统一六国，建立玺印制度，规定只有天子之印称玺，用玉制作。玺印制度在汉代得以完善，玺印的文字数、官职名称，特别是印之材料、绶带、钮制都有相关规定。汉代出土玺印就材质而言有玉、金、银、铜、玛瑙、琥珀、木等。钮式多样，见有瓦钮、螭钮、龟钮、蛇钮、驼钮、凫钮、覆斗钮等。印文多白文篆书。大小相若，故有"方寸"之称。汉以后历代玺印的钮式、大小、印文书体变化多端，形成独具特色的中国古代玺印艺术。

璋

《说文》：剡①上为圭，半圭②为璋。

《周礼·冬官》：玉人之事，大璋、中璋九寸，边璋七寸，射[3]四寸，厚寸。注：射，剡出者。

《尔雅》：璋大八寸，谓之琡。

中璋

《周礼》：牙璋、中璋，七寸。注：此中璋谓牙璋之小者。

边璋

《周礼》：边璋七寸，射四寸。郑注：边璋，半文饰[4]也。

牙璋

《周礼》：牙璋以起军旅[5]。注：琢璋为齿牙之象。

《玉人》：牙璋七寸，射二寸。

琢璋

《玉人》：琢璋八寸。

赤璋

《周礼·春官·大宗伯》：以赤璋礼南方。

[注释]

①剡，尖、尖锐。

青玉璋　商

②半圭，指圭的一半。

③射，指璋身及柄部交界之处多出的部分。

④半文饰，或指璋表面部分镌刻有纹饰。

⑤起军旅，指军队出发征战。

[评析]

璋之名，始见于《周礼》。晚清学者吴大澂《古玉图考》首次将传世品中似圭而上端有刃、下部出阑（牙）的玉器定名为牙璋。此称沿用至今。目前最早的璋见于山东龙山文化遗址，长方片状，凹弧形刃，即文献所谓的歧首。陕西神木石峁所见牙璋造型可分四式：斜首，无阑；斜首，有阑；歧首，有阑；斜首，阑形繁复。牙璋多广素，个别有阴刻直线纹、网格纹或人物、山形者。玉牙璋由石质生产工具发展而来。《诗·大雅·棫朴》："济济辟王，左右奉璋……周王于迈，六师及之。"四川广汉三星堆发掘出土有高举牙璋的商代青铜武士，表明牙璋确实与军事活动有关，与玉钺、玉戈一样，是礼仪性的兵杖。牙璋自石家河文化、山东龙山文化，至陕西神木石峁龙山文化、夏、商、西周都有较多发现，战国至西汉偶见，以商代为其高峰。据不完全统计，出土和传世牙璋共二百三十余件，有长短大小之别。出土地点基本涵盖全国，并及于南亚地区。

琮

《说文》：琮似车釭。注：八角而中圆。

大琮

《周礼·玉人》：大琮十有二寸，射①四寸，厚寸，是谓内镇。

璧琮

《周礼·玉人》：璧、琮九寸，诸侯以享天子。

疏璧琮[②]

《周礼·典瑞》：疏璧琮以殓尸。注：取其通于天地。

黄琮

《周礼·大宗伯》：以黄琮礼地。注：琮形八方象地。

琢琮[③]

《周礼·玉人》：琢琮八寸，诸侯以享夫人。

驵琮

《周礼·玉人》：驵琮七寸，鼻寸有半寸，天子以为权[④]。驵琮五寸，宗后以为权。注：驵作组。

玉琮　良渚文化

[注释]

①射,琮两端圆柱形部分。
②疏璧琮,琮璧或非一器,而应是琮与璧。
③琢琮,表面有纹饰的琮。
④权,古代重要的衡量重量的标准器。

[评析]

《周礼·春官·大宗伯》:"以玉作六器,以礼天地四方:以苍璧礼天,以黄琮礼地,以青圭礼东方,以赤璋礼南方,以白琥礼西方,以玄璜礼北方。"故玉琮在《周礼》中被认为是礼地之物。但事实上,其功能应不限于此,它也是诸侯觐见天子时进献之物。最早的玉琮见于安徽潜山薛家岗第三期文化,距今约5100年。至新石器时代晚期,玉琮在江浙一带的良渚文化,广东的石峡文化,山西的陶寺文化中大量出现,尤以良渚文化的玉琮最发达,出土与传世的数量很多。新石器时代玉琮,出土数量多,分布地域广,北至甘肃、宁夏、陕西、山西,南到广东、四川,东到浙江、江苏,都可见玉琮的踪影。这些玉琮大致可分为两类。一类以良渚文化玉琮为代表,表面装饰神人兽面图案,孔径有大小之分,小孔径的琮目前看为良渚文化所特有;一类以华西地区的齐家文化玉琮为代表,表面多光素,或装饰弦纹,孔径相对较大。有关玉琮的起源和功能,学界有不同观点。目前相对流行的看

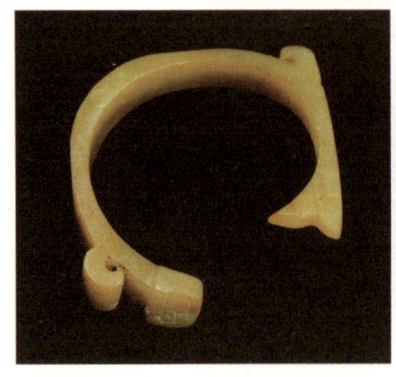

玉琮改制的镯子 曾侯乙墓

玉琮改制之器 曾侯乙墓

西周玉琮加战国鎏金铜盖座 江苏涟水县三里墩西汉墓

法是琮源于镯,是和神祇崇拜相关的礼器。江苏省常州市武进县寺墩三号良渚时代晚期墓,围绕青年男性墓主骨架四周及胸、头、脚等部位的二十四件玉璧、三十二件玉琮,被认为是良渚文化晚期以琮、璧殓葬的例证。商、两周墓葬中出土玉琮的形制虽延续自新石器时代,内圆外方、筒形兼而有之,但数量大为减少,器型日趋矮小。表面多光素,有的装饰当时流行的图案,如蝉纹、卷云纹、兽面纹、阴线几何纹、凤鸟、谷纹等。夏鼐先生更曾以墓中出土玉器的位置为依据,认为商代玉器中被称为礼器的璧、琮等器,在当时多数作为佩饰使用,而非文献所称之"瑞玉"。两周至汉,前代玉琮被普遍改制作为手镯、生殖器套,或加底作为器皿使用。历代文献记载虽然均以琮礼地,但礼书或古器图中所谓之琮的形制却不尽相同,表明对玉琮形制认识的模糊。宋代金属、陶瓷质琮形花瓶屡有出土。乾隆帝弘历更将玉琮认作车杠头。自明代开始,玉琮即被加内胆用作花插、香熏或笔筒。清代宫廷绘画中,琮形器常见作为室内陈设,可见其在当时的受欢迎程度。

璧

《尔雅》:肉倍好谓之璧[①]。璧大六寸谓之瑄。《杨慎外集》:琪大璧也。

《白虎通》：璧者，外圆象天，内方象地。

《荀子》：问士以璧。

《汉武内传》：上药有赤河绛璧。

《瑞应图》：王者贤良美德则玉璧出。

苍璧

《周礼·大宗伯》：以苍璧②礼天。

蒲璧

《周礼》：男执蒲璧③。注：径五寸。蒲可为席，琢蒲于璧，取能安人。

谷璧

《周礼·大宗伯》：子执谷璧④。注：径五寸，琢谷于璧。

琢璧

《周礼·玉人》：琢璧八寸。

圭璧

《周礼》：圭璧以祀日月星辰。注：琢圭于璧上。

《玉人》：圭璧五寸。

垂棘璧

《左传》：晋荀息请以垂棘之璧⑤，假道于虞以伐虢。

玉璧　良渚文化

[注释]

①肉，指璧边；好，指璧的中孔。目前考古传世所见好为肉之半者，非常少见。而仅仅是文献中理想化的记载。

②苍璧，指以青绿色玉制作的璧。

③蒲璧，指装饰蒲纹的璧。

④谷璧，指装饰谷纹的璧。

⑤垂棘之璧，垂棘，地名。春秋晋地，以出美玉著称，确址无考。

[评析]

璧，圆形，中心有孔，是新石器时代晚期的重要礼器，主要见于良渚文化、齐家文化。据《周礼》：璧圆以象天，以苍璧即青绿色之璧礼天。同时，玉璧亦是殓葬之物。良渚文化遗址以及汉墓均见以璧殓葬的现象。这些璧或压于死者身下，或覆于死者身上，或环死者周身布列，或成叠置于死者身侧。商至西周时期，所见玉璧数量少，个体小。商代玉璧多光素无纹，个别装饰弦纹，并出现有领璧。西周晚期璧面出现阴刻龙、凤、云纹装饰。陕西扶风关案板坪村西周遗址灰坑中出土光素青玉璧、琮各一，可套合，应为当时祭祀天地的礼制用玉。春秋、战国时期，玉璧形器渐又多见，个体亦小，通常作为组佩的组件，表面装饰浮雕云雷纹、蟠虺纹、勾连纹、

玉雅

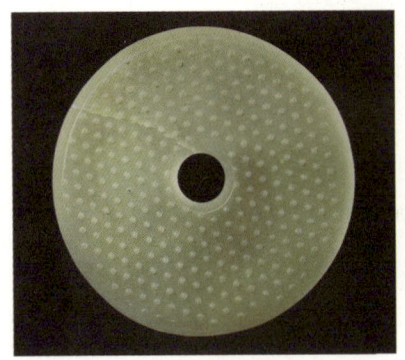
白玉谷纹璧　西汉　陕西周至县

青玉宜子孙璧　东汉　江苏扬州甘泉老虎墩

青玉璧　东汉　河北定县中山穆王刘畅墓

白玉双凤蚕纹璧　汉

青玉带紫檀边座雕螭璧插屏　清

乾隆款青玉镂雕夔凤长宜子孙牌　清

卷云纹或谷纹。出廓璧开始出现。两周时期，璧还是诸侯觐见天子时手执之物，以此别等第。汉代，璧可作为贵族间馈赠之物。汉代玉璧纹饰、造型均较前代丰富，出廓璧多见，璧面纹饰有谷纹、蒲纹、兽面纹，个体较大，加工精粗有别，反映出功能的差异。出廓璧更为复杂且多见。宋代以降乃至明清，仿战国、汉代玉璧层出不穷，而尤以谷纹璧、螭纹璧、兽面纹璧多见。清代玉器形体硕大、厚重，亦见直径十余厘米的，颇为多样，多作为陈设之器，作为珍玩者亦不在少数。

璜

《说文》：璜，半璧。

《三礼图》：凡玉佩，上有双衡，衡长五寸，博一寸。下有双璜，璜径三寸。冲牙、璸珠以纳其间，上下为衡。半璧为璜。璜中横以冲牙，以苍珠为瑀。

《尚书·中候》：吕尚于磻溪钓得玉璜，刻曰："姬受命，吕佐检。"

《瑞应图》：玉璜者，瑞器也。五帝应循玉璜出。

[评析]

以上文献说明，璜组玉佩的组成部分，是祥瑞之玉。两者均属礼器的范畴。玉璜，首见于新石器时代马家浜文化、崧泽文化、北阴阳营、薛家岗、凌家滩、石峡、大溪、仰韶、大汶口诸新石器文化中均有所见。新石器时代玉璜多光素无纹，是佩饰，从某种意义上说，也是使用者地位的象征。两周开始作为服饰制度重要组成部分的玉组佩。晚商开始到西周，玉璜表面开始阴刻装饰螭龙、凤鸟图案，有的一端作龙首形。春秋、战国时期，表面出现浮雕图案，以谷纹、云纹多见，两端多作龙首形，有的出廓部分镂雕精美的凤、螭。两周的组玉佩制度为汉、两晋、唐、宋、明所承继，玉璜的使用因此绵延不绝。此期玉璜，或光素，或阴刻图案，不复有两周之盛。

双首龙玉璜 战国

玉组佩 明

同时,作为祭祀之物的玉璜亦有发现。陕西省西安市北郊联志村祭祀坑出土了青玉圭、璜各两件,均光素。《周礼》以苍璧、黄琮、青圭、赤璋、白琥、玄璜祭祀天地四方。祭祀坑出土者非玄璜,但其礼制功能却是可以肯定的。可见,对于文献或考古出土物的解释,重要的是用事实说话,而不能拘泥。

琥

《说文》:琥,发兵瑞玉,为虎形。

《湘烟录》:顷在汉东得一玉琥,美玉而微红,酣如醉肌,温润明洁,或云即玫瑰也。古人有以为币者。

《春官》:白虎礼西方是也。有以为货者,《左传》加以玉琥二是也。有以为瑞节者,山国用虎节是也。

[评析]

据《周礼·春官·大宗伯》:"以玉作六器,以礼天地四方:以苍璧礼天,以黄琮礼地,以青圭礼东方,以赤璋礼南方,以白琥礼西方,以玄璜礼

青玉虎形饰　春秋　故宫

北方。"说明琥是一种礼器,但未及其形。《说文》认为琥作虎形,用于发兵。晚明闵元京、凌义渠编的《湘烟录》则认为,除上述两种功能外,琥还可以作为货币使用。就实物而言,虎形玉石家河文化中已有出土,商、周更为多见。多片状,表面装饰图案,个体不大。战国、汉代见有铜虎符,象征国家,或用作发兵之符节。吴大澂《古玉图考》视片状虎形玉雕为琥。

玉笏

《礼玉藻》:笏,天子以球玉,诸侯以象①,大夫以鱼须②、文竹,士以竹、象可也。笏度二尺有六寸,其中博二寸,其杀六分而去一。凡有指画于君前,用笏造。受命于君前则书于笏。

《周礼》:王搢大圭。疏:插大圭长三尺、玉笏于带间。

《管子》:天子执玉笏以朝日。

[注释]

①象,指象牙。

②鱼须,鲨鱼的须。《尚书大传》:"东海:鱼须、鱼母。"郑玄注:"所贡物。玉须,今以为簪。"《文选·左思》:"旗鱼须,常重光。"刘良注:

"鱼须,鱼之髭须,以为旗杆。"唐张籍《送海南客归岛》:"竹船来桂浦,山市卖鱼须。"

[评析]

　　从上述文献记载看,笏是下臣有事上朝禀奏天子时手持之物,将要上禀的事以及天子面授的指令书写于笏上,以免忘记。天子祭日时持玉笏,因此笏也是礼器。因使用者等级的不同,笏的材质也不尽一致。天子之笏用玉,诸侯用象牙,大夫用文竹、鱼须,士则象牙、文竹兼而用之。笏长二尺六寸,最宽处二寸。目前尚不见可以确认为笏的文物出土或传世。吴大澂《古玉图考》将现所知新石器时代若齐家文化所出的玉刀,视为玉笏,乾隆皇帝则有时将古玉刀视作古玉尺。

玉节

　　《周礼·掌节》:守邦国者,用玉节。

[评析]

　　《周礼》中的玉节是国家的象征,具有重要含义。目前尚不明什么样的玉器为文献所载之玉节。

玉麟符

　　《隋书》:樊子盖为河南内史。文帝命留守东郡,曰:社稷大事,终以委公。别造玉麟符以代铜虎,比之萧何、寇恂云。

[评析]

　　玉麟符或即麒麟形玉符,与铜虎一样作为信符。尚不能从出土玉器中明辨。但作为符信的器物,其形式实则多种多样。

乾隆御题白玉半符　清

玉辇

《汉官仪》：光武封禅①，乘玉辇以升山。

[注释]

①封为"祭天"，禅为"祭地"。封禅指中国古代帝王在太平盛世或大降祥瑞之时举行的祭祀天地的大型典礼。古人认为群山中泰山最高，为"天下第一山"，因此人间的帝王应到最高的泰山去祭过天帝，才算受命于天。远古暨夏商周时期，已有封禅的传说。

[评析]

玉辇即以玉装饰的车舆。帝王之辇以玉为饰，历代皆有记载。

玉藻

《后汉书·舆服志》：冕冠垂旒，前后邃延玉藻。

[评析]

玉藻指冠冕前后的冕旒，以玉珠或珍珠穿连而成。

玉佩

《礼记》：立则磬折①垂佩。疏：佩，玉佩也。

《文献通考·唐制天子记》：天地之服，鹿卢、玉具剑②、火珠镖首、白玉双佩。又水苍玉③佩，三品、四品、五品之服也。

《虞挚决疑注》：汉末丧乱无玉佩。侍中王粲识旧佩，始作文④。

[注释]

①磬折，像磬一样屈身。

②玉具剑，以玉装饰的剑。

③水苍玉，又称水苍，指杂有斑纹的深青色玉石。古时用作官员的佩玉。《礼记·玉藻》："公侯佩山玄玉而朱组绶，大夫佩水苍玉而纯组绶。"郑玄注："玉有山玄、水苍者，视之文色所似也。"孔颖达疏："玉色似山之玄而杂有文，似水之苍而杂有文。"

④文，通"纹"，纹饰。

[评析]

佩玉的发展与君子比德于玉的观念的产生和延续有直接的关系。佩玉的使用贯穿中国玉器史的始终，是重要的玉器门类之一。宋代以后，佩玉更为普遍。不独官宦之家，殷实富户亦喜以玉为佩。民间制作作坊以及街市商户售卖玉器者亦多。佩饰有时又是地位、等级的象征，不同等级相应佩带不同质地的玉佩。鹿卢环、玉具剑，宋代吕大临《考古图》中有著录。后世多有仿制。玉具剑首见于战国墓葬，以汉代所出数量最多，工艺最精，且形制最为丰富。完整的玉具剑包括剑首、剑格、剑璏、剑珌等玉饰。

碧玉蚩尤合璧连环　清

玉具剑　西汉　河北满城中山靖王刘胜墓

玉组佩　西周

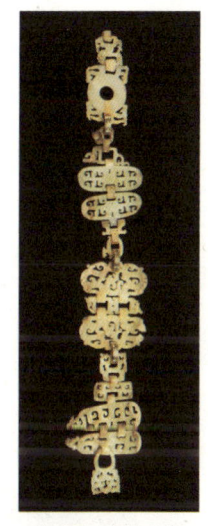

玉组佩　春秋晚期战国早期

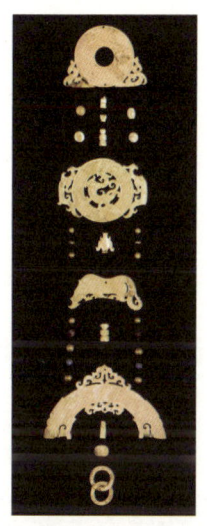

玉组佩　汉

　　玉组佩制度始于西周，是使用者地位的象征，是中国社会进入礼制社会的标志之一。玉组佩制度历春秋、战国、汉代一直盛行不衰，形制多样。汉末由于战乱，组佩制度一度式微。东汉末年王粲重新稽考、架构。魏晋、唐宋之组玉佩的延续，与汉末王粲之功密不可分。明代组玉佩依然盛行，形制较之前代更为复杂。清代由于服饰制度的改变，方始弃之不用。组玉佩是中国玉器史上绵延时间最长的重要礼制用玉之一。

玉儿

《周礼·太宰》：享先礼亦如之，赞玉儿、玉爵。注：玉儿，所以依神。

[评析]

玉儿、玉爵依文为祭享祖先之器。玉儿不辨为何物。

玉琖

《礼记·明堂位》：爵用玉琖。疏：谓以玉饰琖。

玉琖，装饰玉的器皿。新石器时代晚期良渚文化遗址出土漆杯表面已见装饰玉片、贝片。商代陶器表面亦见以几何形玉片装饰者。

玉豆

《周礼·外宗佐》：王后荐玉豆。

青玉百兽纹豆　清

玉簋　河南安阳妇好墓

[评析]

王后祭祀时捧玉豆进献。玉豆亦系仿青铜豆的造型而来。无论青铜豆抑或玉豆，皆为礼器。商代已见仿青铜礼器之玉礼器出现。

玉瑚

《宋书·乐志》：玉瑚饰列，桂筵昭陈。

《礼记·明堂位》：殷之六瑚，宗庙盛黍稷器，饰以玉。

[评析]

玉瑚是装饰玉石的宗庙祭器，用来盛黍、稷等粮食。商代宗庙祭器中的六瑚，今不辨为何物。上文提及的殷商妇好墓出土的表面装饰几何形玉片的陶器，或即六瑚之一。

玉鬯

《周语》：有神降于莘。王使大宰奉牺牲、玉鬯献焉。

[评析]

鬯，音畅。本义为祭神之酒。玉鬯此指玉质或表面饰玉的酒器。以酒、肉供奉神灵。

玉斝

《酒谱》：舜祀宗庙用玉斝，其饮器欤。

《瑞应图》：玉斝者，师旷[①]时则来至，杂紫绶。

[注释]

①师旷，字子野，山西洪洞人，春秋时著名乐师。他生而无目，故自称盲臣、瞑臣。为晋大夫，亦称晋野，博学多才，尤精音乐，善弹琴，辨音力极强。

金托青白玉爵杯　明　北京定陵

碧玉带托爵　清乾隆

[评析]

　　玉斝，玉质盛酒器。相传舜时祭祀宗庙时所用。

玉爵

　　《礼记·曲礼》：饮玉爵弗挥。

　　玉爵，系仿商周青铜酒具爵而来，存世以明、清制品，尤其是清代玉爵为多。明代玉爵见有配金托者，清代多配玉托。两周时期曾流行据青铜礼器之形制作之玉礼器。

玉角

　　《礼记·明堂位》疏：内宰①谓之瑶爵，此谓之玉角者。瑶是玉名，爵是总号，角是爵之所受，其实一物也。

　　《礼记·礼器》卑者举角。注云：四升曰角。口径五寸，中深五寸四分，底径三寸。

[注释]

　　①内宰，职官名。《周礼》谓天官冢宰所属有内宰，掌王宫以内的政令，教导妃嫔，主管王后的礼仪。

青玉角形杯　西汉　南越王赵眜墓

白玉龙首觥　宋

青玉龙首觥　清　故宫

[评析]

　　爵是饮酒器的总称，角则是饮酒器之一种。地位低下的人用角饮酒，尊贵的人用觯饮酒。因此，所用酒器的不同实则也反映地位的高低。

　　玉角，应即角形玉杯。首见于西汉南越王墓中。与唐代陕西何家村窖藏所见玛瑙羚羊首角形杯同源，皆为受西域来通杯影响出现的器形。角形杯与兽首杯两种杯式，宋、明、清皆有所见，称觥。觥亦为酒器的通称，与爵同样为酒器泛称。明清时期所见兽首杯以牛首、凤首、龙首觥居多。

　　上引文献罗列了一系列祭祀及隆重朝会所用玉质容器，皆属玉礼器范

玉雅　87

畴。玉质容器首见于商代晚期妇好墓出土的玉簋。西周遗址见有山西天马-曲村的玉罍、陕西法门庄白齐家村的玉匜,山东临淄商王村战国遗址所见滑石羽觞。汉代以后玉容器渐多见,如角杯、高足杯、辟邪形容器等。从出土的几例玉器皿看,商至两周玉容器的形制多仿自青铜,如玉簋、玉罍、玉匜,亦有仿自漆器者,如玉羽觞或称玉耳杯。表明当时其他门类工艺对玉器的影响。汉代以后玉容器才形成独立的范畴。如今传世及考古出土虽均不见玉豆,但其存在则亦在情理之中。

从文献以及考古出土物可知,两周时期青铜器固然是重要的礼器,玉器亦然,而且有相当部分玉器是依照青铜器的形制制作,其功能与青铜礼器相似。

玉杯

《周书·武帝纪》:建德元年①九月庚申,扶风掘地得玉杯以献。

《汉书·文帝纪》:十六年秋九月得玉杯,刻曰"人主延寿"。

[注释]

①北周建德元年,亦即572年。

桃形玉杯　元　无锡钱裕夫妇墓

白玉嵌珠花耳杯　明　定陵

青白玉杯　明　北京万贵墓

[评析]

上引汉代、北周文献记载出土玉杯，说明当时玉质容器十分罕见，出土者更少，所以才会郑重其事地记录下来。这也与目前出土、传世所见相吻合。汉代已见多件玉杯、玉卮出土。唐代以后玉质容器始更为多见。

玉卮

《汉书·高帝纪》：置酒前殿，上奉玉卮为太上皇寿。

汉高帝亲自用玉卮盛酒祝太上皇生日。说明玉质器皿汉代十分少见，仅限于帝王、王侯使用。目前出土或传世汉代玉质器皿亦相对少见，与记载正合。

玉尊

《神异经》：西北荒中，酒泉美如肉，清如镜。其上有玉尊，取一尊复一尊，与天地同休。饮此酒不死。

[评析]

玉尊亦为玉质酒器。上文罗列了数种酒器，为日常器皿，与礼制用玉酒具不同。

明代青玉卮

青玉云龙纹尊　元　故宫

玉壶

《搜神记》[①]：吴王夫差女悦童子韩重，结气死。形见重，将入冢。取昆仑玉壶[②]与之。

[注释]

①《搜神记》，东晋史学家干宝著，是一部记录古代民间传说中神奇怪异故事的笔记小说集。

②昆仑玉壶，应指以和田玉制作的玉壶。

[评析]

从考古出土玉器看，春秋晚期出现和田玉壶亦在情理之中。明、清时期，特别是清代，玉质执壶颇为多见，分细长及墩矮两类。前者似多用于盛酒而后者多用于注茶。宋代已见仿古壶式，清代则更为多见。

江鼎

《宋符瑞志》：晋成帝咸康八年九月，卢玉春、谷县留珪。夜见

青白玉万寿纹执壶　明　北京定陵

青玉壶　南宋　安徽休宁朱晞颜墓

碧玉天鸡壶　清

青玉召夫鼎　清　故宫

门内有光,得玉鼎一,外围四寸。豫州刺史路永以献。

[评析]

　　晋成帝咸康八年即342年。江鼎疑为有"江"字铭文的玉鼎。晋代容器传世十分罕见。宋、元以来始见仿商周青铜之仿古玉器出土,但器形皆较小。明清始见较大之仿古玉器。

碧玉兽面纹出戟花觚　清　故宫

玉觥

《周礼·考工记》：梓人为饮器，觥三升。《说文》：觥乡饮酒之爵也。

商周时期常见青铜觥。玉觥目前仅见于明、清，为仿青铜之玉器，多用来簪插花卉。清代是仿古玉的高峰，种类十分丰富。

碧玉兽面纹兕觥　清

白玉兽面纹兕觥　清

玉椀

《晋书·周访传》：王敦遗①环玉椀，以申②厚意。访投椀于地曰："吾岂贾竖③，可以宝悦乎？"

《名山藏》④：永乐四年，回回国⑤进玉椀，却之。

[注释]

①遗，赠送。

②申，表达。

③贾竖，市井小人之意。

④《名山藏》，记明嘉靖以前历代遗事的纪传体史书，明何乔远撰。何乔远字孝，号匪莪，福建晋江人。万历十四年（1586）进士，崇祯年间累官至南京工部右侍郎。全书三十七记，分类叙述各类人物，其中《典谟记》和《坤则记》专载明世宗朱厚熜以前的帝和后；《开圣》《继统》《分藩》《勋封》诸记分述明太祖朱元璋祖先和明史上的特殊人物；《天因记》和《天驱记》记述与朱元璋统一和建立明朝有关的人物；《舆地记》记述以北京和南京为中心的各地人物，未全；《王享记》记述民族和外国，是了解明代中外关系和舆内民族关系的史料。自司马迁撰《史记》以来，很少有把商人收入列传的书，《名山藏》的《方技记》和《货殖记》实际是科学技术家和商人列传，反映了明代科学技术和商品经济发展情况，颇有史料价值。其他有《典礼记》和《乐舞记》，但未刻。书中还用很多篇幅专门记述刑法、河漕、漕运、钱法、兵制、马政、茶马、盐法、臣林、关柝、儒林、文苑、俘贤、宦者、列女、高道、本士、本行、艺妙、方外等列传。该书撰成时《明史》尚未问世，故对了解和研究明史有较高的参考和利用价值。书中援据虽有舛错，然无史局书显而不书微之弊。有崇祯十三年（1640）刻本，分为一百零六卷。

⑤回回国，指当时信奉伊斯兰教的国家。

白玉御题诗花卉纹葵花式碗　清乾隆

乾隆款青玉碗　清　故宫

[评析]

目前所见最早的玉碗为唐代之物。其后一直至明清皆有所见，尤以清代为多。为宫廷盛会、婚庆、万寿、大典等专制者，有的一次可传做逾百件。除实用之大小玉碗外，还有专用于陈设的。中亚、西亚地区亦有其水晶等硬石雕传统，15世纪后，玉雕渐渐多见。上图之"乾隆款青玉碗"，即清代时新疆回部制作并进贡之物，乾隆帝亲撰诗作，命造办处玉工镌刻于碗壁，陈列于清宫。

玉鞦

《宋史·于阗国传》：所贡有珠玉、珊瑚、翡翠、象牙、玉鞦辔、玛瑙、鸡舌香等物。

[评析]

鞦，马鞍辔上下垂的长条形物。鞦上饰玉称玉鞦（带）。北方民族多以游牧为生，马在战争中又扮演十分重要的角色，马饰因此非常华美，常饰以金、玉。成套的玉装马饰见于辽陈国公主墓所出文物。

瓖

《广韵》：马带饰。《韵会》：马带玦。

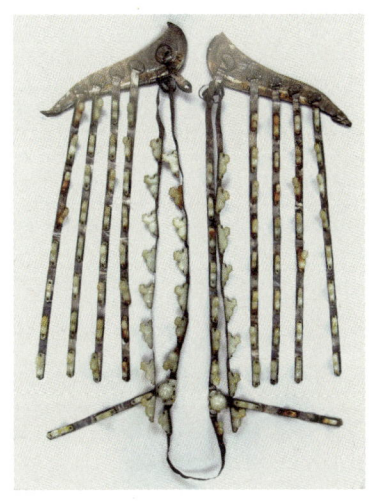
白玉马饰 辽

白玉马饰 辽 陈国公主墓

白玉马饰 辽 陈国公主墓

[评析]

马鞦带上的玉饰。或即两条鞦带交接处的玉饰。

环

《尔雅》：肉、好若一[①]谓之环。

《荀子》：反绝以环[②]。

《白虎通》：修道无穷即佩环。

《玉藻》：孔子佩象环，五寸。注：象③，有文理者也。环取可循而无穷。

《杂记》：赵飞燕为皇后，其女弟在昭阳殿遗五色文④玉环。

《拾遗记》：勃鞮国⑤献黑玉之环，色如漆。

[注释]

①肉、好若一，指环的孔径与环面的宽度一致。但传世及出土品中，肉、好尺寸一致的非常少见。

②环、还谐音。所以，环有代表与绝交的人重修于好的意思。

③象，或包含两层意思，一是玉质本身的纹理，一是镌刻的纹饰。

④五色文，指有五种颜色、纹理。

⑤勃鞮国，为《拾遗记》记载的一个国家，"溟海之北，有勃鞮之国。人皆衣羽毛，无翼而飞，日中无影，寿千岁。食以黑河水藻，饮以阴山桂脂。凭风而翔，乘波而至"。

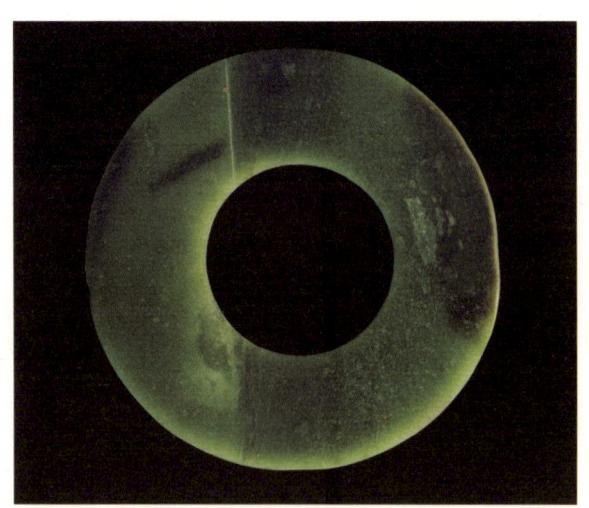

玉环　商　河南新郑望京楼新村

［评析］

　　玉环是中国古代玉器中延续时间最长的品类之一，自新石器时代到清代一直绵延不绝。环大小不一，多用作佩饰。古代又有绝交以玦、重修旧好以环之说。

瑗

　　《尔雅·释器》：好倍肉①谓之瑗。注：孔大于边也。
　　《荀子》：召人以瑗②。

［注释］

　　①好倍肉，指孔是边的两倍。
　　②瑗，有召唤远方的人回来之意。

［评析］

　　瑗、环有时很难区分，或者直接皆以环称之。出土、传世瑗、环肉、好之比例，亦不见得都与记载相合。瑗亦多作佩饰。

青玉螭纹玉环　西汉　安徽巢湖北山头

青玉透雕龙纹环　南越王赵眜墓　西汉

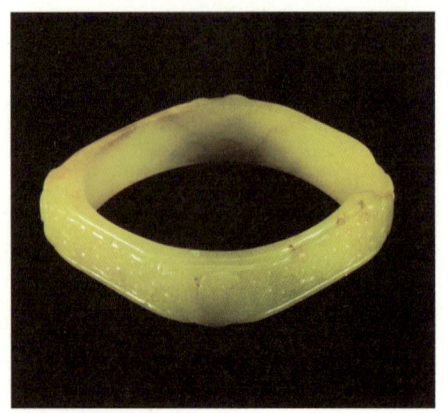
玉琮改制的镯　曾侯乙墓

玉钏

《南史·王元象传》：为下邳太守，好发冢。有女子年可二十，状若生。臂有玉钏，斩臂取之复死。

[评析]

玉钏，即玉环、玉镯之属，可套于上臂或腕间为饰。玉镯新石器时代良渚文化即有所见，两周时期见有以玉琮改制的玉镯。玉钏一直是女性喜爱的首饰之一，清代依然流行。

玉带

《唐书·李光颜传》：帝将伐镇州，复还忠武，又兼行冀营。节度使、宰相、官百班饯帝御通化门，临送赐珍器、良马、玉带。

[评析]

玉带制度是古舆服制度的重要组成部分，北朝时期已经出现。唐代玉带制度最为发达，玉带是唐代礼玉中发现数量最多、最具特征、最受重视的玉器，且绝大部分出于京畿。唐代对带銙的质地、环数有严格规定。九环金玉带等级最高。上元元年,"敕文武官三品以上服紫,金玉带。四品服深绯,五品服浅绯,并金带。六品服深绿,七品服浅绿,并银带。八品服深青,九品服浅青,并鍮石带。庶人并铜、铁带"。宋代用带制度更为详备,"有玉、有金、有银、有犀,其下铜、铁、角、石、墨玉之类,各有等差。玉带不许施于公服。犀非品官、通犀非特旨皆禁……太宗太平兴国七年正月……定车服制度,请从三品以上服玉带,四品以上服金带……景德三年诏通犀、金玉带,除官品合服及恩赐外,余人不得服用"。辽代皇帝服九环带、犀玉带错、玉束带,五品以上金、玉带,六品以下银带,八品、九品鍮石带。正因为玉带是唐、宋时期舆服制度的重要组成部分,是等级地位的象征,所以皇帝屡以玉带颁赐卓有功勋的大臣,下臣之间亦以玉带相赠,金、玉带甚至成为国与国间相互馈赠之国礼。明初举凡政治、风俗、社会以古制及唐、宋之制为参考,制定实行。帝、后礼服均系革带。洪武二十六年定皇帝衮冕,革

白玉胡人纹带铐　唐

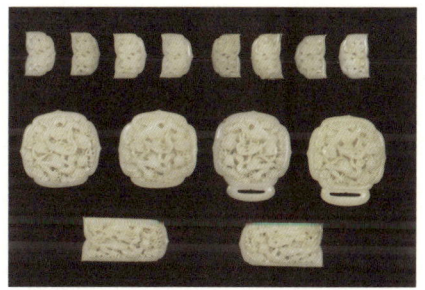

白玉镶金带铐　明洪武四年汪兴祖墓

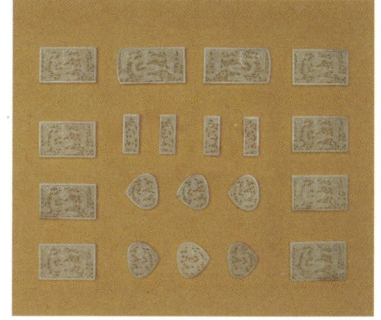

白玉镂雕蟠龙带板　明

白玉镂雕蟠龙带板　明

玉雅

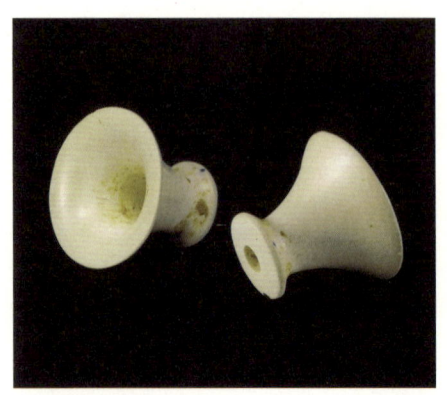

玉耳饰　凌家滩

带佩玉，长三尺三寸。嘉靖八年更定革带前用玉，其后无玉，以佩绶系而掩之。文武官员公服，腰间所系之带因品秩不同而有异。洪武二十六年定革带：一、二品玉，三、四品金，五、六、七品银钑花，八、九品乌角。腰带：一品玉，或花或素；二品犀；三品金荔枝；五品以下乌角。传世或出土的明代玉带，带銙的数量以20枚为多。满族入关建立清朝，服饰制度秉承本族传统，玉带不复使用。

玉瑱

《周礼·弁师注》：玉瑱，塞耳者。

《诗》：玉之瑱也。

玉质耳饰，束腰形，居中横贯穿孔。汉代较为流行。

玉笄

《周礼·弁师》：皆五彩玉，十有二。玉笄、朱纮[1]。

[注释]

[1] 纮，音红。系于颔下的帽带。

[评析]

玉笄,玉质束发器,玉簪之前身,长条圆形,首部略尖,近中部贯孔。新石器时代晚期遗址已有出土。山东省临朐县西朱封202号墓出土玉笄二。

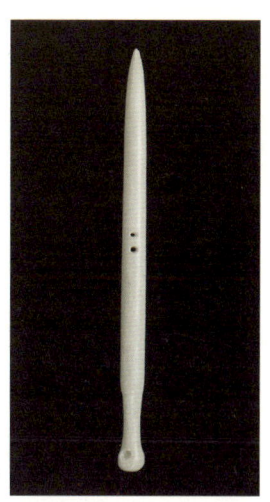

玉簪　夏家店下层　内蒙古敖汉旗大甸子371号墓

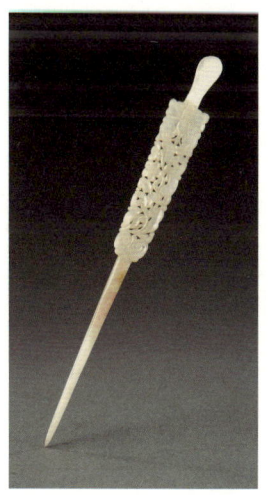

白玉镂雕花蝶簪　清　故宫

白玉透雕花鸟纹簪首　唐　故宫

白玉孔雀形钗　金　北京房山石沟峪石椁墓

白玉镂雕双凤牡丹纹簪首　明

其一碧玉簪铤，白玉片状冠形簪首，通长达23厘米。其二白玉质，簪首卷曲，通体饰三个凸雕人面像。湖北省天门市石家河肖家屋脊遗址6号瓮棺出土黄绿色玉笄，顶部作鸟首形。河南省安阳市商代晚期妇好墓、小屯村18号墓皆曾出土玉笄。其后河南省淅川县下寺一号春秋晚期墓出土的玉簪，通体碾琢卷云纹。河北省满城县陵山一号墓出土的白玉簪，簪首扁平透雕凤鸟纹。唐代玉簪分两类，一类圆锥形，如陕西省西安市东郊韦美美墓所出白玉簪。另一类簪首镂雕作扁平花鸟状，如陕西省西安市唐兴庆宫遗址所出玉簪。北京市房山区长沟峪金墓所出玉笄，簪首作立体孔雀形。明代玉簪首有作蘑菇形者，有的通体饰龙纹。清代流行耳挖式簪，簪身细长、平扁，透雕花鸟、吉祥图案。

玉鞍

《宋史·于阗国传》：天圣三年遣使贡玉鞍辔、白玉带。诏给还其值。

[评析]

玉鞍是以玉装饰的马具。北方民族多以游牧为生，马是他们赖以为生的重要畜力，亦是战争的重要工具。因此，马饰十分考究。辽代出土鞍辔有饰金者，亦有饰玉、水晶、玛瑙者，颇为考究。陈国公主与驸马墓所出玉鞍，是目前所见最为完整的一套玉鞍具。

玉衡

《书·舜典》：在璿玑[①]玉衡。蔡邕云：玉衡长八尺，孔径一寸。下端望之，转玑窥衡以知星宿。

[注释]

①璿玑，即璇玑。

玉璇玑　晚商　河南安阳殷墟

[评析]

从上文记载看，玉衡是与玉璇玑配套使用的天文仪器，中有径一寸的穿孔。玉璇玑形若出牙之璧。玉衡是否若玉琮之形？迄今尚不知何者为玉衡。

服玉[①]

《周礼·玉府》：共王之服玉。注：冠饰十二玉。

[注释]

①服玉，指以玉为服饰，即下文所谓的冠上装饰十二件玉饰。

[评析]

冠上玉饰历代皆有不同。红山文化斜口筒形器，有学者认为即是冠饰。其他若汉至三国两晋及宋代的玉步摇，宋、明皮弁上的玉缀饰，唐、宋、明的玛瑙、玉质五梁冠、七梁冠以及冠上的玉簪导、帽正，元代的玉帽顶等，皆可视为冠服之玉饰。

玉斗

《周书·武帝纪》：保定元年五月丙午，晋公获玉斗以献。

《史记·项羽纪》：以玉斗献亚夫。

[评析]

玉斗为古之正器，据以造律以及度、量、衡，因此对于国家而言具有重要意义。有关玉斗的记载，最早见于《史记》鸿门宴。刘邦、项羽会于霸上，刘邦以白璧一双献项羽，玉斗一双献亚父范增。亚父见刘邦成功脱逃，一怒之下将玉斗置于地上，以剑击碎。据此推测，玉斗之制至晚在秦代已经出现。南北朝以及隋唐时期有不少出土或庋藏玉斗的记载。

传世玉斗（或玉斗形杯）实物目前见有数例，皆为故宫旧藏明、清之物，当是宋以来复古思潮下的产物。白玉松林策杖图方斗两面阳文草书七绝一首："策杖穿林路几重，禅家清磬隔云封。再来只恐无寻处，好记悬崖一古松。"末署"梅道人戏作"。内壁光素，底部阴刻楷书乾隆御题《咏旧玉斗》："亚父撞之后，重为玉斗谁。连成双面画，接刻七言诗。迥异俗之态，依然古作师。藉暇绘松鬣，思已渐邻奇。"末署"乾隆癸卯御题"，并篆书"几暇怡情"方印。琢刻精巧，诗、书、画及乾隆御题相得益彰，因而弥足

白玉墨斑松林策杖图斗　清

珍贵。癸卯为乾隆四十八年即1783年。青玉螭耳方斗，透雕双螭耳。斗口有横梁。口沿及足部阴刻回纹一周，腹部阴刻变形谷纹一周。器表抛光有较强的玻璃质感。故宫还收藏有清代银质方斗形套杯，一套十件，其造型亦应取自玉斗。

玉璂

《晋书·舆服志》：皮弁①以彩玉米为璂。

《说文》：弁饰。徐曰：谓缀玉于武冠，若綦子之列布也。

《周礼·夏官·弁饰注》：谓如綦结也。皮弁之缝中贯结五彩玉十二以为饰。

[注释]

①先人将冠帽尊称为首服。皮弁，即首服的一种，军戎田猎时佩戴。以皮革为冠衣，一般在皮革缝隙之间缀有珠玉宝石。

[评析]

冠帽上的装饰。多扁片状，圆形、方形、花形皆有所见。传世以宋、明玉璂多见，近圆饼形，琢刻花卉等图案。晚清玉器图谱中所谓玉璂，形近玉剑首。

玉履

《南史·王僧虔传》：雍州盗发楚王冢，有玉履。

[评析]

河南省三门峡市虢国墓地2012号西周晚期墓出土有玉鞋底一对，作圭形，出土时分别位于墓主人左右足下。制作脚面的材料或已腐朽殆尽。

玉鞋底　战国　安徽长风杨公墓

玉珠

《晋书·舆服志》：后汉以来，冕前后旒用真白玉珠。

《续文献通考·冕板》：玉珠十二。

《周礼·王府》：共王之珠玉。注：琢珠以饰冠冕。

[评析]

　　皇帝冕旒饰珠，有着十分悠久的历史，自秦汉到宋、明一直沿用。材质见有玉、珍珠等。

玉钗

《宋史·李宸妃传》：有娠，从帝临砌台，玉钗坠。帝心卜，钗完当为男子。果不毁。已而生仁宗。

[评析]

　　女子发饰，双股为钗，单股为笄。隋唐时期流行双股玉钗，多光素，如陕西省西安市李静训墓、陕西省西安市电缆厂唐墓所出玉钗。北京房山区长沟峪金墓所见玉钗,钗头弯曲略呈直角。

玉簪

《唐书·车服志》:弁服者,朔日受朝之服。有攀,以待发。十有二璂,玉簪导。

[评析]

冠上固发之器。唐、宋玉冠已见有玉簪,或左右、或前后横贯,前者如首都博物馆所藏唐代青玉七梁发冠、宋代莲瓣纹玉发冠,后者如江苏吴县天平山所出宋代莲瓣纹玉发冠。明代玉冠之玉簪导多左右横贯,如南京市沐叡墓所见。

玉镜

《潜确类书》:黑玉可作镜,曰玖。

《南史·江淹传》:襄阳人开古冢,得玉镜及竹简不可识。王僧虔善识字,但云似蝌蚪书。淹以蝌蚪字推之,周宣王之简也。

青玉花卉纹容镜　清

[评析]

　　玉镜目前仅见清代传世品，以玉为框或背，中嵌玻璃。

玉奁

　　《孔贴》：德宗遣内给事朱如玉之安西，求玉于阗，得玉奁三十。

[评析]

　　玉奁为盛装首饰的容器，即现今所谓首饰盒。于阗为产玉之地，唐代该地亦有玉器制作。从"得玉奁三十"可知当时其地治玉之盛。

玉杵

　　《事文类聚》：裴航得玉杵臼。遂娶云英仙去。

[评析]

　　杵臼为碾磨器具。就商代已见玉石质容器推测，杵臼等碾磨器的出现时间原则上亦可较早，惜目前尚不见出土。传世见有清代青玉杵臼，为清代皇室用品。

白玉莲瓣式奁　清

青玉杵臼　清

玉拨

《南部烟花记》：隋炀帝、朱贵儿插昆山润毛之玉拨，不用兰膏而鬓鬓鲜润。

[评析]

玉拨或为玉质长片状物，插于鬓发之间。此谓玉具润发作用，待考。

玉鱼佩

《五代史·安重荣传》：僭侈以金鱼袋不足贵，刻玉为鱼佩之。

[评析]

以玉鱼为佩，商周时期颇为流行。宋、元、明、清亦多见。此处金鱼袋为唐、五代时期贵族身份、地位的象征物。玉鱼的尊贵程度在金鱼之上，故代之以玉。目前尚不见金鱼袋或玉鱼袋出土或传世，但玉鱼则非常多见。

白玉鱼形盒　辽　陈国公主墓

青玉鱼　清　北京海淀董四墓村

玉尺

《晋书·律历志》：世说称有田父于野地中得周时玉尺，便是天下正尺。荀勖校以已所治①金、石、丝、竹，皆短一米。

[注释]

①治，制作。

[评析]

传世或出土玉器中尚不辨有玉尺。乾隆帝御制诗有咏古玉尺者，现在看来有的是古代的玉圭或改制的古代玉刀。故宫旧藏清代玉尺一对，岫岩玉，大部分染红色。长条尺状，一面篆书"虑侯玉尺建初六年八月十五日造"，另一面篆书"岁次丙申"。另一件与本品几乎相同，唯一面篆书"乾隆辛未"。乾隆辛未为乾隆十六年即1751年。此玉尺上的建初六年指的是东汉章帝建初六年，即公元81年（辛巳）。虑侯即隆虑侯。西汉时期封隆虑侯的先后有三人。一为周某（史失其名），因从刘邦击项羽有功，而于汉高祖六年（前201）正月封为隆虑侯，国都在今河南林县。文帝后元二年（前162），周通继位，景帝中元元年（前149）因罪除国。二为长公主子，汉景帝中元五年（145），陈融以长公主子封为隆虑侯，国都亦在今河南林县。在位二十九年，武帝元鼎元年（前116）畏罪自杀除国。三为汉明帝刘庄之女刘迎。刘迎于汉明帝永平三年（60）封隆虑公主，亦称隆林公主。玉尺上所谓虑侯，当是刘迎。此玉尺上的铭文格式，与汉代铭文颇合。传世亦见"隆虑侯印"。

玉齍①

《周礼》：九嫔②祭礼赞玉齍。注：玉齍、玉敦③，受黍稷器。

[注释]

①齍，音资，古代盛谷物的祭器。

②九嫔，指帝王之妾，位于后妃之下，其他侍妾之上，故既可与妃合称妃嫔，又可与其他侍妾合称嫔御。

③敦，音对，古代食器。在祭祀和宴会时盛黍、稷、稻、粱等作物。出现在春秋时期，后来逐渐演变出盖。到战国时多为盖形同体。常为三足，有时盖也能反过来使用。

[评析]

仿青铜之玉器，用于祭祀。目前商周时期出土玉质容器不多，但多为仿青铜器之物，如河南安阳商代晚期妇好墓出土的四件玉簋、一件玉盘，山西曲沃晋侯墓地63号墓出土的凤纹玉罍，山西扶风齐家村西周墓出土的玉匜等。可证记载不误。目前尚未见有玉盉、玉敦。

玉兵

《越绝书》：黄帝之时以玉为兵，伐树木为宫室。

[评析]

玉兵，即玉制礼仪性武器。代表性的玉兵如良渚文化的玉钺、三星堆的玉璋以及商代的玉戈、玉戚、玉斧。汉代玉具剑亦可归入玉兵之列。这些玉兵更多的具有礼仪性质，是礼器，而非实用武器。有的清代亦有仿制。

大玉戈　商

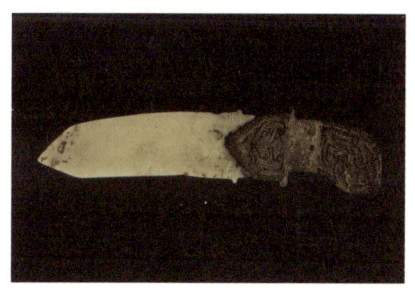

铜内玉戈　商　河南新郑望京楼新乡

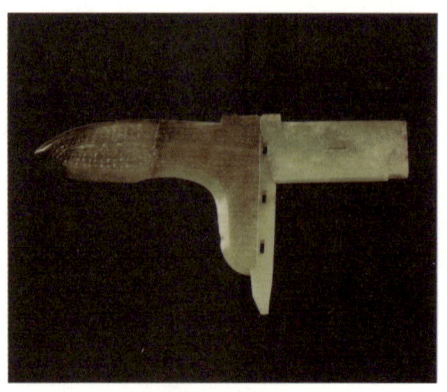 

青玉戈　西汉　河南永城僖山　　　铜骹玉矛　晚商
　　　　　　　　　　　　　　　河南安阳市黑河路

玉斧

《礼记·明堂位》疏：王盾衮冕，执赤质玉斧，而舞武王伐纣之乐。

[评析]

玉斧是玉兵类礼器，是由砍砸器石斧发展演变而来，具有礼仪性质。

碧玉夔纹钺　清　　　　青玉鹰兽纹斧　清

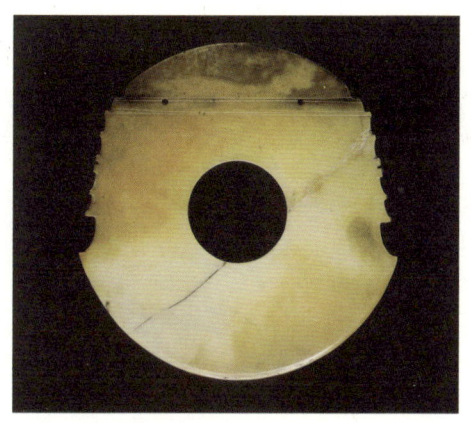

玉戚　河南安阳花园庄 54 墓

玉戚

《礼记·明堂位》：朱干玉戚。疏：戚，斧也，以玉饰柄。

《五经通义》：持朱干玉戚而舞，所以增威武也。玉取其德。

［评析］

两侧对称出齿的玉璧称戚。通常固定于红色木杆之上，作为玉兵类仪仗使用，为礼仪性质的玉器。最早的一例见于河南省偃师二里头夏代遗址 5 号坑。其后在河南安阳商代晚期妇好墓、山东济阳县姜集乡刘台子西周早期遗址、陕西省扶风县齐家村西周中期 19 号墓以及河南省三门峡市西周晚期虢国墓中皆有出土。之后罕见。

玉戟

《宗书·符瑞志》：大明四年，徐州刺史刘道隆于汴水得白玉戟以献。

［评析］

玉戟是玉兵之一，具礼仪性质。出土和传世均未见。

玉刀　二里头文化　河南偃师二里头

玉刀　晚商　河南安阳花园庄54号墓

玉刃

《晋书·舆服志》序：黄帝皂衣纁裳，放勳彤车，白马，元戈，玉刃，作会相晖。

[评析]

玉刀曾于新石器时代之齐家文化一度盛行，器形硕大，近背部有若干穿孔。之后罕见。玉刃或即玉刀。

玉杓

《拾遗记》：频斯国有丹石井，水常沸涌，仙者食之。周王子晋临井而窥，有青鸟玉杓以授子晋。

[评析]

玉勺目前首见于新石器时代晚期凌家滩遗址，勺浅扁。河南省洛阳市东汉遗址出土的龙首玉勺，造型敦厚。故宫博物院藏有唐代玉勺，形制与汉代玉勺类似。

玉钱

《拾遗记》：晋时因墀（chí）国献玉钱千缗。其形如环，上有

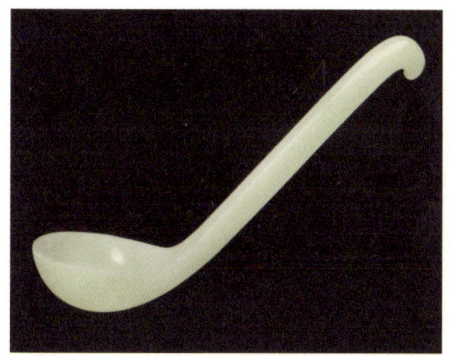

白玉勺　唐

"天寿永吉"之字。

[评析]

　　因䢖国为南方小国。"天寿永吉"玉钱当为吉语钱，非用于流通。有的亦具压胜作用。

白玉政和通宝钱　金　北京房山长沟峪石椁墓

玉　雅

玉人　红山文化　辽宁朝阳牛河梁遗址16地点4号墓　　玉人　凌家滩遗址　　青玉人　战国　故宫

玉人

《北史·隐逸传》：雀颐①从驾汾阳宫，次②河阳，镇蓝田山，得一玉人，长三四寸。诏问群臣，颐曰："臣见卢元明《嵩高庙记》云：'有神人，以玉为形像，长数寸，或出或隐。出则令世延长。'"

《拾遗记》：蜀先主甘后玉质柔肌。河南献玉人，高三尺。乃取玉人置后侧，昼讲军谋，夕拥后而玩玉人。

[注释]

①雀颐，人名。

②次，临时驻扎。

[评析]

新石器时代红山文化已见圆雕玉人。此后，石家河文化亦见玉人，片雕，站立装，双手平举于胸前。商代晚期殷墟妇好墓出土圆雕跽坐玉人及玉

白玉跽坐玉人　西汉　　青玉人首　石家河湖　　白玉舞人形佩　西汉
河北满城中山靖王刘胜墓　北荆州马山镇　　　　北京大葆台2号墓

人首等。战国、汉见有立人、骑马羽人、坐姿之人等。这些人物形象，学者认为有的是集军权、神权、政权于一身的巫师形象，有的代表墓主人或奴隶，有的代表仙人。商周时期的另一类玉人，足下端往往出榫，应是插嵌于其他物体之上，或为祖先的形象，如商代江西新干大墓、妇好墓、西周早期甘肃省灵台县白草坡1、2号墓，西周中期陕西省扶风县强家1号墓，西周晚期山西曲沃晋侯墓地63号墓所出玉人，皆如此。第三类玉人往往出现于组玉佩中，如西周晚期山西曲沃晋侯墓地8号墓、战国中期河北省平山县七汲村中山国3号墓、西汉早期广州南越王墓、东汉河北省定县43号墓所出。唐代流行飞天，宋代流行圆雕玉童子。明、清时期仿汉代玉翁仲、唐代飞

白玉飞天　唐　　　　　　白玉飞天　明　北京密云清乾隆皇子墓

玉雅

白玉童子　明

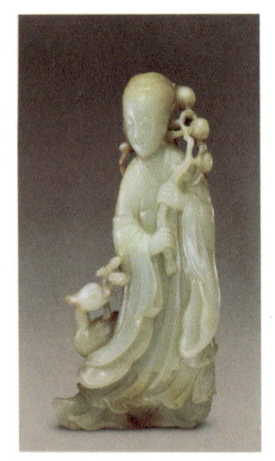
青玉麻姑献寿　清

天、宋代玉童子者均有所见。清代更见有玉麻姑等七仙作品，品类多样，人体比例更加协调，开脸以及衣纹的表达都更为赏心悦目。

玉像

《南史·师子国传》：晋义熙初始，遣使献玉像，经十载乃至像。像高四尺二寸，玉色洁润，列制殊特。

玉佛

《齐书·武帝纪》：显扬殿供养玉像诸佛。

《续文献通考》：元丞相伯颜尝至于阗国，凿井得一玉佛，高三四尺，如截肪，照之可见筋骨脉络。

玉观音

《妆楼记》：有女子卸冠者，奉观音大士甚肃。有比丘尼令作观音法身，愈大愈妙。自此恒梦见之，然甚小，若夫人钗头玉佛状。

碧玉坐佛　清

白玉观音　清　故宫

青玉弥勒佛　清　故宫

一日，其夫寄一玉观音，类梦中所见。

[评析]

　　《南史·师子国传》记载之玉像，应与佛教相关。玉观音、玉佛、玉罗汉等玉质宗教雕像，唐、宋时期已有所见。传世以清代居多。清代宫廷所奉金塔、金佛龛中，往往置放玉佛以为供养。

玉马、玉人

　　《云烟过眼录》①：玉马一，高五寸有奇。雕琢极精，作嘶鸣状，如生，玉色温美。古玉色如此样有十余枚，或大或小，或有文或无文，或青或绿，长不满寸，盖人绾绳之物。玉人高五六寸，束发于项，发被脑后，横插一簪，衣垂地不见足，色温润，与马同。人如顾恺之所画列女图中人物。

《砚北杂志》②：安南总管赵伯昂仁举有一玉马，云是太康③古圹中用以驾车者。其车亦玉造，奇物不可名状。

《瑞应图》：玉马者，瑞器也。王者清明笃贤则至。

[注释]

①《云烟过眼录》，元周密著。周密，字公谨，号草窗，祖籍山东济南，流寓吴兴（浙江省湖州市），曾官义乌县令，精鉴赏，富收藏。《云烟过眼录》约元贞二年（1296）成书，是中国第一部以著录私家藏画为主要内容兼录南宋皇室部分藏品的著录著作，开创了著录私家收藏名画的新体裁。全书共著录43家藏品，分别标出作者、画名、收藏印记、题跋及流传经过，并附简明的鉴别论断。

②《砚北杂志》，元陆友仁著。全书分上下两卷，多记逸文琐事，而于古碑篆刻之源流考订详细，对其他如琴材砚石和钟鼎彝器等考索详确，赏鉴精妙，有补于文物考古和历史研究。

青玉御马羽人　西汉

③太康,是晋武帝司马炎(西晋皇帝)的第三个年号,共使用10年(280—289)。

[评析]

就出土的玉雕天马而言,汉代前后仅见两例,一为山东曲阜鲁国故城战国墓所出玉马,一为陕西咸阳西汉渭陵建筑遗址所见玉羽人御天马。故宫博物院、英国伦敦维多利亚-阿尔伯特博物馆皆有汉代玉马传世。有翼天马形象,在古代中西艺术中均有所见。天马产自中亚地区。汉武帝元鼎四年(前113)首次见到来自大宛的宝马,极为垂青,称其为天马,并亲自作诗歌咏。此后,又两次派兵西征,目的即在获取西域宝马。天马自汉代进入我国一直到元朝,曾兴盛上千年。汉代画像石,唐代石雕、绘画、金银器上都留下了天马的倩影,如著名的唐昭陵六骏以及唐人韩幹的以马为题的绘画。歌咏天马的诗文历代皆有。

玉虎枕

《拾遗记》:汉诛梁,冀得一玉虎枕头,云单国所献。检其领下有篆书字云是帝辛之枕,常与妲己同枕之,是殷时遗宝也。

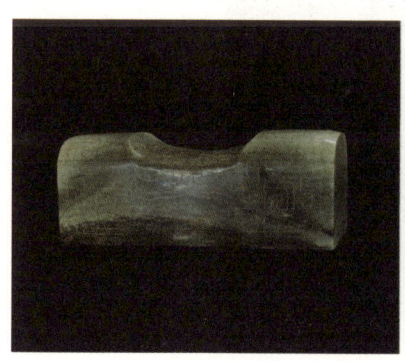

青玉枕 东汉 河北定县中山简王刘焉墓　　嵌玉鎏金铜枕 西汉 河北满城中山靖王刘胜墓

[评析]

玉枕，汉代诸侯王墓多有出土，为殓玉之一。或以整玉制作，或以玉嵌于铜框之中。所嵌之玉或作璧形，亦有其他几何形状者。表面装饰兽首、云气等图案。

玉如意

《胡琮别传》：吴时掘地，得白玉如意。

[评析]

如意是一种象征祥瑞的器物，由古之挠痒工具、前端作手形的爪杖发展而来。头多作灵芝形或云形，柄微曲，供指画、赏玩。其材质多样，有骨、角、竹、木、铜、铁、玉、石、珊瑚、琥珀等。所谓"如意"，即如人之意，是梵文"阿那律"的意译。六朝时期，如意是佐清谈、助舞兴、示高逸乃至防身之物，为文人、逸士所钟爱，不可须臾离手。文献记载三国时孙

青玉如意局部　清

白玉镶嵌岁岁平安如意

和于月下执水晶如意而舞；南朝梁武帝时期名将韦叡，即使在两军交战之时，也是手持如意指挥军队进退。两晋时期石刻竹林七贤图像中的王戎亦作手持如意之形象。云头如意最早见于唐墓。到宋代，发展成为室内之陈设，明晚期更成为文房不可或缺之物。有清一代，因其吉祥含义，如意是大臣祝贺皇室寿辰的首选，常居礼单之首。宫寝之中常见以如意装点，帝王肖像画亦往往见有手执如意者。其质地可分玉、翡翠、孔雀石、绿松石、珊瑚、琥珀、金、银、铜、珐琅、竹、木等。据形制可分三类。一是仿生随形如意，如灵芝式如意、竹枝式如意等。二是圆头回折、柄身弧曲的几何造型如意，注重如意头的变化及头、柄的装饰。三是竹、木柄的三镶如意，即在竹、木雕刻如意头，柄、尾部镶嵌古玉或圆形、椭圆形玉嵌饰。传世如意以清代最多。乾隆六十大寿，曾制作60柄金如意以示庆贺。乾隆晚期，由于用整玉雕琢如意颇为费料，乾隆帝一度下旨停止整玉如意的制作。

玉磬

《说文》：球，玉磬。

《左传》：齐侯使宾媚人，赂以纪甗玉磬。

《竹书纪年》：齐国佐来献玉磬。

《洽闻记》：隋开皇十四年于翟泉获玉磬十四，垂之于庭。有一素衣神人来击，其声妙绝。

碧玉磬　清　故宫

碧玉山水人物纹太平有象磬　清

[评析]

　　玉磬，为古代打击乐器之一种，距今至少已有三千余年的历史，春秋、战国时期达到鼎盛。磬分编磬、特磬两种。编磬多以玉石制作，亦有铁、铜制者，十六面为一组，悬挂于簨虡之上，锤击发声。其音色，除黄钟、大吕、太簇、夹钟、姑洗、仲吕、蕤宾、林钟、夷则、南吕、无射、应钟等十二正律外，又加四个半音。古代编磬多为宗庙所用。清代编磬，主要用于皇帝与王公大臣庆典的"丹陛大乐"以及宫中大型宴会的"中和韶乐""丹陛清乐"，与编钟配合使用。特磬则是皇帝祭天地、祭祖、祭孔时使用的乐器，每月奏一个调的乐曲，所以特磬有音高不同的12枚，大小不一，最大的是"黄钟"，最小的为"应钟"，单独悬挂于簨虡之上演奏。湖北省随州市春秋晚期至战国早期曾侯乙墓出土16枚一套玉石编磬。清代传世有玉编磬数套，又有特磬，并见磬形陈设器。

玉律

　　《后汉书·律历志》：候气之法，用玉律十二。

　　《晋书·律历志》：武帝泰始九年，中书监荀勖校大乐八音，不和，始知后汉至魏尺长于古四分有余。所校古法有七品，一曰姑洗玉律，二曰小品玉律。

翡翠箫　清　故宫

《拾遗记》：轩辕吹玉律，正璇衡。

［评析］

　　玉律是玉制的标准定音器。不辨为何物。

玉笛

　　《集异记》：明皇与叶法善游月宫回潞州，城上以玉笛奏曲。旬余，潞州奏八月望夜，有天乐临城。

［评析］

　　玉制之笛。尚不见出土。故宫旧藏翡翠玉箫一。

玉琵琶拨

　　《金史·世宗纪》：皇曾孙生宴于庆和殿。章宗进玉琵琶拨。

［评析］

　　尚不辨别为何物。

玉　雅　　125

玉梢

《汉书·郊祀志》：饰玉梢以舞歌。注：梢竿也，以玉饰之。

[评析]

装饰于杆端的玉器。饰玉梢杆用于郊祀歌舞，为礼器之属。

玉碓①

《赵书》：刘曜筑武德殿于土城西南，郭内得圆石玉碓，其名曰律碓。石重四钧，上有文曰：同律度量衡，有辛氏所造。

[注释]

①碓，音对。木石做成的捣米器具。

[评析]

玉制度量衡重器。尚不见出土及传世之物。

珈

《古器图》：珈，状如口，长广仅寸。

[评析]

不辨为何物，亦不明其功能。

珩

《说文》：佩上玉也，所以节行止。通作衡。

《玉藻》注：衡，佩玉之衡也。

珵

《广韵》：珩谓之珵。一曰玉，大小六寸。

琚

《诗·卫风》：报之以琼琚。传：琚，佩玉名。佩有琚，琚所以纳闲。疏：谓纳众玉与珩上下之间。朱氏曰：佩有珩者，佩之上横者也。下垂三道，贯以瑀珠。璜如半璧，系于两旁之上下端。琚如圭而正方，在珩璜之中。瑀如大珠，在中央之中，别以珠贯，下系于横，而交贯于瑀后，上系于珩之两端。冲牙如牙，两端皆锐，横系于瑀下，与璜齐。行则冲璜出声。

瑀

《后汉·舆服志》：乃为大佩、冲牙、双瑀、璜，皆以白玉。

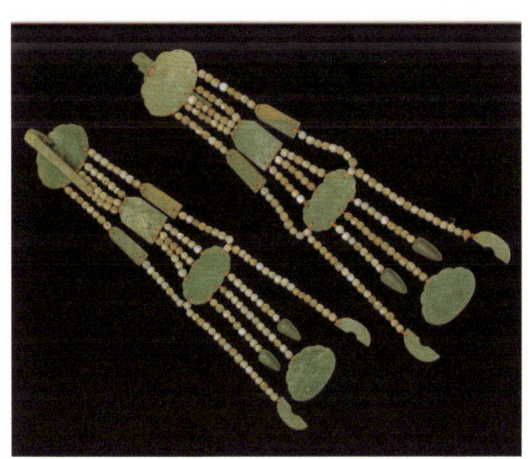

组玉佩　明　北京定陵

[评析]

珩、琚、瑀皆为组佩上的装饰部件。以明代玉佩为例，最上者为珩，居中连接上下左右之饰件者为琚，瑀、璜系连于两侧，冲牙则为最下端之坠饰。瑀、冲牙、璜通常成对、对称出现。

琏

《论语》注：宗庙盛黍稷之器，饰以玉。

[评析]

祭祀时盛黍稷的器皿，以玉为饰。

瑫

《集韵》：剑饰。

[评析]

剑上装饰。不辨为何物。

鎏

《说文》：垂玉也，冕饰。《集韵》：通作旒①。

[注释]

①旒，音流。

[评析]

古代帝王冠冕前后垂串珠数组。此即指所垂之玉珠。

璩①

 《说文》：环属。

玔

 《集韵》：玉环也。

［注释］

 ①璩，音渠。

［评析］

 璩、玔都是环、镯一类的首饰。新石器时代至清代皆有所见，可为臂饰、腕饰，亦可作为佩饰，大小不一。

珑

 《说文》：珑，祷旱玉，龙文，从玉从龙会意。

［评析］

 龙形或装饰龙纹之玉，古代用于祈雨。晚清吴大澂《古玉图考》将龙形佩释为珑。就出土所见，《古玉图考》所录之珑，多为两周时期组佩上的装饰构件。

瓖

 《广韵》：马带饰。
 《韵会》：马带玦。

白玉龙形佩　西汉　江苏徐州狮子山

［评析］

马鞦带上的玉饰。

珽

《左传》：桓公二年，衮、冕、黻、珽。注：珽，玉笏也。

《礼记》《玉藻》：天子搢珽，方正于天下也。注：笏也。珽之言挺，然无所屈也。

［评析］

珽即笏。见上文释笏。

瑱璗珥玒珥瑱

《说文》：瑱、瑱同充耳也。

《集韵》：璗同瑱。

《玉篇》：珥，蛮夷充耳。

《广韵》：琉通作充。

《诗》：充耳琇莹。《集韵》：琉，充耳玉。

《说文》：耳瑱也。徐曰：瑱之状，首直而末锐，以塞耳。

《集韵》：瑛玉瑱。

[评析]

　　玉质耳饰。四川、云南地区战国、汉代墓葬流行玉石喇叭形耳饰，一端作喇叭形，一端尖细，即玉瑱或玉充耳。

琀

《说文》：赠丧之物。珠玉曰琀。又琀，送死口中玉也。

《研北杂志》：毕少董凡所服用，如玉含蝉之类，皆古圹中物名，所居曰死轩。

[评析]

　　在死者口中纳琀之俗，可追溯至新石器时代，并为历代所承袭。不独中国如此，世界上许多古文明都有类似的传统。口含之物的质地、形制不拘一格。汉代以玉蝉为琀，取其蜕化重生之意，殊为独特。

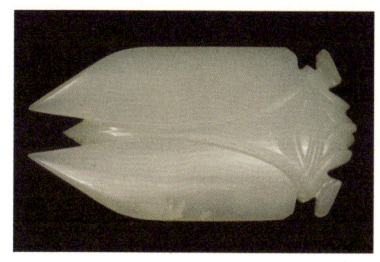

白玉蝉　汉

青玉蝉　西汉　江苏铜山县

璲

《诗·小雅》：鞙鞙佩璲。

《尔雅》：璲，瑞也，缝绶也。注云：璲，即佩玉之组，所以连系瑞玉者。

[评析]

《尔雅》所谓之璲，乃系结玉佩的绶带。吴大澂《古玉图考》将固定于剑鞘、以便挂于腰带上的玉饰称璲，亦即璏。

璏

《说文》：剑鼻饰也。

《玉篇》：雉例切，音卫。

[评析]

璏固定于剑鞘、以便挂于腰带上的玉饰。流行于战国、汉代，为成套剑饰之一。汉代玉剑具包含剑首、剑格、剑璏、剑珌。剑璏是宋、明、清各代仿古玉的主要品类之一。明代开始用作镇尺上之钮。清代有的成为如意上的嵌饰。

玦璚

《广韵》：佩如环而又缺。遂臣待命于境，赐环则返，赐玦则绝，义取诀。

《荀子》：绝人以玦。

《白虎通》：君子能决断则佩玦。玦，环之不周也。

《集韵》：璚同玦。

玉玦　兴隆洼　内蒙古敖汉旗兴隆洼遗址 117 号居室墓　　　　白玉勒子　清　故宫

[评析]

不周合之玉环。早在公元前 8000 年的查海兴隆洼遗址已见玉玦。玉玦分布地域广，环太平洋地区皆有所见，是流行区域比较广的古代佩饰。后又引申为诏下臣还用环，否则用玦。玉玦又有表示能决断之意。著名的鸿门宴，范增数次举玦示意项羽捉拿刘邦，亦取决断、断绝之意。

玪

《说文》：作瑊。玪，瑊也。今省作玪，谓石之次玉者。

[评析]

玉佩之一种。吴大澂《古玉图谱》将圆柱形或四棱形、三棱形，中间贯孔的小饰物称玪，或玪子。此类管形玉饰最早见于新石器时代晚期良渚文化遗址，用作佩饰。

珌

《说文》：佩刀下饰。天子以玉。

玉雅　133

《前汉·王莽传》：玚琫（běng）、玚珌。注：佩刀之饰。上曰琫，下曰珌。

[评析]

战国、汉代剑鞘末端装饰。

玉缶

《孔子家语》：季桓子穿井获如玉缶，其中有羊焉。使问孔子。孔子曰：土之怪，羵羊①也。

[注释]

①羵，音汾。羵羊，古代传说中的土中神怪。

[评析]

玉质容器。有可能是祭祀时盛牛羊类牺牲的礼器，其作用与青铜礼器同。

玉觿

《礼记》：子事父母，左佩小觿，右佩大觿。注：小觿，解小结也。觿如锥，以象骨为之。

《说文》：佩角锐耑，可以解结。

[评析]

解结之物，一端尖细，初以动物之角为之。两周时期多见玉觿。清代有仿制，为仿古玉器之一种。

玉鸠杖首

《续汉书·礼仪志》：仲秋之月，县道皆案户民年始七十者，授

玉凤形觽　西汉　北京大葆台2号墓

碧玉鸠形杖首　清

之玉杖，哺之以糜粥。八十、九十礼有加，赐玉杖九尺，端以鸠为饰。鸠者，不噎之鸟也。欲老人不噎，所以爱民也。

《风俗通》：俗说高祖与项羽战败于京，索遁薄中。羽追求之时，鸠正鸣其上。追者以为鸟在无人，遂得脱。后及即位，异此鸟，故作鸠杖，以赐老者。

[评析]

拐杖之端饰以玉鸠者。鸠，鸟之一种。从记载可知，早在汉代，赐七十岁以上老人玉杖，杖首作鸠鸟之形。清宫旧藏清代玉鸠杖首，当为清代仿古玉器之一种。乾隆帝弘历曾作《咏汉玉鸠杖》，吟咏内库所藏之玉鸠杖首："良玉其形刻以鸠，玢璘土浸自炎刘。例因京索曾为瑞，七十颐年赐仲秋。"

玉砚

《西京杂记》：天子以酒为书滴，以玉为砚，取其不冰。

青玉风字形砚　辽

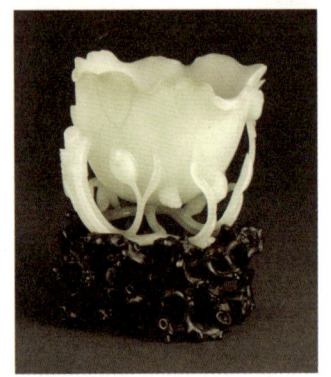

白玉荷叶式水丞　清

玉水盂　宋

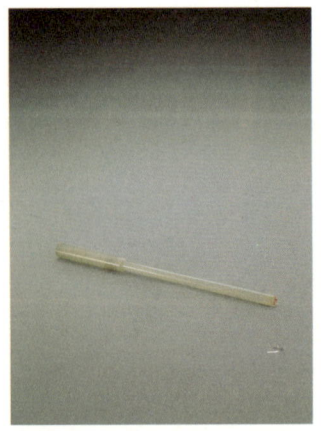

白玉笔管　清

碧玉西园雅集图笔筒　清

白玉鸭形水丞　清

青玉几式墨床　清

子昂款白玉鸣凤在竹纹臂搁　清

[评析]

　　玉砚不冰盖为传说。玉砚目前最早出于辽代陈国公主墓中。

　　文房用品在新石器时代已现端倪，发展到汉代臻于成熟，笔、墨、纸、砚皆备。玉质文房辅助用品如砚滴、笔洗亦开始出现，开玉文房之先河。宋以后，玉文房用品成为不可或缺的雅室清供。清代官廷玉质文房用品，品类齐全、用料精美、造型别致、装饰雅逸，达到玉文房制作和使用的高峰。

玉带钩

　　《说文》：训"钩为曲故"，凡形曲者皆谓之钩。

　　《国语·晋语》：申孙之矢集于桓钩带。注：谓申孙，矢名。

钩,带钩也。

《淮南子》:满堂之坐,视钩各异于环带也。

《隋书·礼仪志》:梁陈之制,皇太子革带,玉钩鰈。

《车服杂记》:天子释奠郊祭,革带玉钩鰈。又衮冕之服,革带玉钩鰈。

青玉鸭嘴形带躡　春秋

青玉带扣　汉　和嫩洛阳夹马营

白玉兽面纹带钩　西汉　北京老山墓

白玉嵌宝石带钩　明　北京定陵

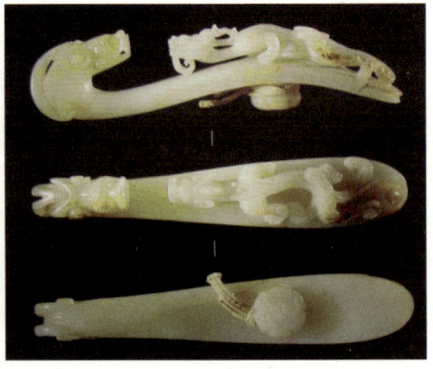

白玉教子成龙带钩　明嘉靖　上海龙华乡

白玉镂雕鹘鹅环 元

青玉双凤带扣 清

[评析]

　　束带工具，固定于带之一端，弯曲之钩可套带环，钩腹之纽可与带系结。盛行于春秋、战国时期，多作鸭形。战国时期亦有扁平兽首形者，或以金属杆串联数块玉成长条钩形，钩首、钩尾作龙首或兽首形。另一种为嵌玉金属带钩。所嵌之玉见有璧、环等。元代带钩与钩环配套使用，表面镂雕海东青攫天鹅，为典型的北方民族春水题材之作；或饰莲花。明代流行龙首带钩，作双螭形，寓意教子升天，钩体变长。此类带钩清代依然流行。此外，还出现了各种形式的带扣。

玉果

　　《穆天子传》：天子之珧，玉果璿（音旋）珠。

青玉石榴 清

［评析］

玉制之果实。清代比较多见，如玉桃、玉癞瓜等。

玉蝉

《王建宫词》：玉蝉金雀三层插，翠髻高丛绿鬓虚。

［评析］

蝉形玉首饰。南京明代墓葬出土一件金叶玉蝉，当为首饰。

玉蜗

《酉阳杂俎》[①]：睿宗寝斋壁上，蜗迹成天字。遽拭之，数日如初。及即位，雕玉铸黄金为蜗形，分置于释道像前。

［注释］

① 《酉阳杂俎》，唐代笔记小说集。作者段成式（803—863），字柯古，唐代小说家、骈文家。《酉阳杂俎》20卷，续集10卷。内容繁杂，有自然现象、文籍典故、社会民情、地产资源、草木虫鱼、方技医药、佛家故事、中外文化、物产交流等，可以说五花八门，包罗万象，具有很高的史料价值。

［评析］

玉雕蜗牛。目前尚不见出土或传世。

玉鱼

《云仙杂记》：贵妃素有肉体苦热肺渴，每日含一玉鱼，藉其凉津沃肺。

《演繁露》：宋元丰中㓨[①]，造玉鱼赐嘉、岐二王，易去金鱼。

自此遂为亲王故事。

《江邻几杂志》：长安有宝货行，有购得玉鱼者，亦名玉梁，似今所佩鱼袋。

[注释]

①刱，音创。

[评析]

同玉鱼佩。以玉鱼为佩，商周时期颇为流行。宋、元、明、清亦多见。金鱼袋为唐、五代时期贵族身份、地位的象征物，玉鱼佩的尊贵程度当在金鱼佩之上。目前尚不见金鱼袋或玉鱼袋出土或传世。

玉龙

《酉阳杂俎》：梁大同八年，戍主杨光获玉龙一枚，长一尺二寸，高五寸，雕镂精妙。腹中容斗余，颈亦空。置水中令满，倒之水从口出，声如瑟瑟。

玉龙　红山文化　内蒙古翁牛特旗赛沁塔拉

乾隆款青玉凸雕蟠龙贯耳扁瓶　清

玉龙凤形佩　战国

凤螭玉佩　汉魏

[评析]

　　玉龙的形象，则早在新石器时代红山文化中已经出现。之后历代皆见龙形或龙纹玉器。大型的中空玉龙，尚未见出土。清代流行的玉龙形花插，作龙首鱼身，为陈设之物。

玉龟

　　《玉海》：天宝元年，安西获瑞玉龟一以献。

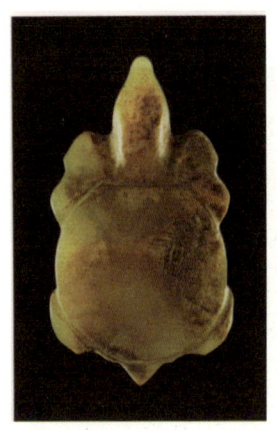
玉龟　红山文化

玉龟　红山文化　辽宁朝阳牛河梁遗址第5地点1号冢1号墓

《瑞应图》：玉龟者，师旷时出河东之崖，为圣图出河负录识书。应劭《汉官仪》：封禅坛南有玉盘，玉盘中有玉龟。

[评析]

新石器时代红山文化首见玉龟，安徽含山凌家滩出土玉龟腹、龟甲，中间置玉刻图版，有学者认为是河图之书。商代晚期殷墟妇好墓出土小圆雕俏色玉龟。龟游荷叶是宋代玉雕的常见装饰题材。

玉驼

《金史·世宗纪》：大定二十六年，皇孙生章宗进玉双驼镇纸。

《拾遗记》：周时，渠胥国献玉驼，高五丈。

[评析]

玉驼目前所见以唐代最早，宋代、清代亦有玉驼传世。

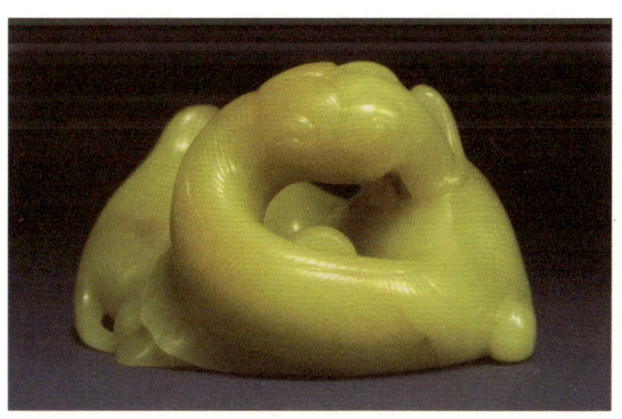

黄玉骆驼　清

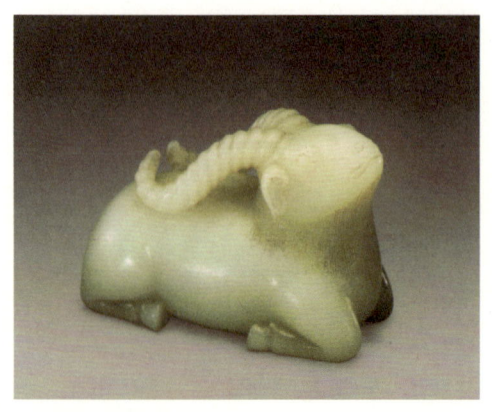

白玉卧羊　清

玉羊

《瑞应图》：玉羊，瑞器也。王者钟律调和、五声当节则玉羊见。

《九国志》：吴越时有僧以玉羊一献与镠，曰得此当生贵子。

[评析]

从上引文献可知，玉羊为祥瑞之物，并有祈子的作用。中国文物信息咨询中心收藏有隋唐卧羊形玉佩。清代盛行三阳开泰题材玉雕，作三羊形。《易经》以十一月为复卦，一阳生于下；十二月为临卦，二阳生于下；正月为泰卦，三阳生于下。寓意阴消阳长，冬去春来，有吉亨之象。《说文解字》："羊，祥也。""羊""祥"通假，"羊""阳"同音假借。"三阳开泰"为吉祥之语，用以称颂岁首或寓意吉祥。

玉狮

《癸辛杂识》：李大卿之子娶平原之女，奁具中有白玉出香狮子，高二尺五寸。

碧玉双狮　清　北京圆明园遗址

青玉太师少师　清

［评析］

　　玉狮形熏炉，目前尚未寓目。唐代玉带上多以狮子为饰。陈国公主墓所出马具上，装饰卧狮。辽代遗址亦曾出土水晶狮子、琥珀胡人驯狮等圆雕作品。明代墓葬亦曾出土雕刻狮子形象的琥珀带。这些狮形圆雕作品或装饰狮子纹饰的带铐，总体而言体积都不大。

玉鸡

　　《唐书·五行志》：上元二年，楚州献宝玉十三，有玉鸡。

［评析］

　　传说鸡有驱邪避祸之功效，鸡形佩饰汉代已见流行，如江苏扬州邗江汉墓出土的项链，穿连有煤精鸡。传世或出土的圆雕玉鸡多系小件雕刻。

玉燕

　　《述异记》：阖闾大夫墓中金蚕、玉燕各千余双。

［评析］

　　新石器时代红山文化已经出现玉鸮，唐代有玉鹦鹉，宋代有玉鹤，辽代

玉雅　145

玉鸟形佩　红山文化

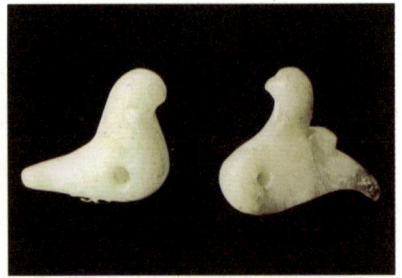
白玉鸽形饰　西汉　北京大葆台2号墓

有玉鸳鸯，清代有玉鹌鹑、玉鸟等。玉飞禽历代均有所见，佩饰、陈设皆有之。

玉鹤

《后汉书·楚王英传》：作金龟玉鹤，刻文字以为符瑞。

[评析]

目前最早的玉鹤形象，见于宋代，作双鹤形片雕。清代玉雕常见玉鹤装饰，与鹿、灵芝、龟等一起象征长寿，常居佛、寿星之侧。

青玉双鹤形饰　金　北京房山长沟峪石椁墓

白玉镂雕云鹤饰件　宋

青玉抱桃双猴　清

玉猿

《酉阳杂俎》：隋内库有交臂玉猿，二臂相贯如连环。

［评析］

战国时见有青铜猿猴形带钩。清代常见马上封侯（猴）题材的玉雕纹饰或圆雕作品，作一猴立于马背之上。又有圆雕子母猴。十二辰亦有圆雕玉猴。

玉凤凰

《南史》：齐后宫才人位登采女者，依旧例赐玉凤凰。

［评析］

玉凤最早见于红山文化，石家河文化出土了三件片雕镂空玉凤，其中一件流传后世见于殷墟妇好墓中。西周时期，阴线双钩凤鸟是玉器上最典型的纹饰。其后历代凤纹和凤鸟的形象一直是玉雕常见题材和纹饰。

玉麒麟

《南史》：梁南衮州队主陈文兴，于宣武城内凿井，得镂玉

玉雅

透雕凤形玉佩 石家河 湖南澧县

凤形玉佩 晚商

青玉凤纹柄 西周

白玉镂雕丹凤朝阳嵌饰 南宋

白玉双凤霞帔坠 宋

麒麟。

　　僧适之《金壶记》：江夏王锋，字宣颖，年五岁。学凤尾书，一学即工。帝大悦，以玉麒麟赐之，曰麒麟偿凤尾。

青玉麒麟吐书　清

青玉鹿　宋　北京黑舍里氏墓

玉螳螂　商　故宫

玉鸮　红山文化　内蒙古巴林右旗那斯台遗址

青玉狗　清

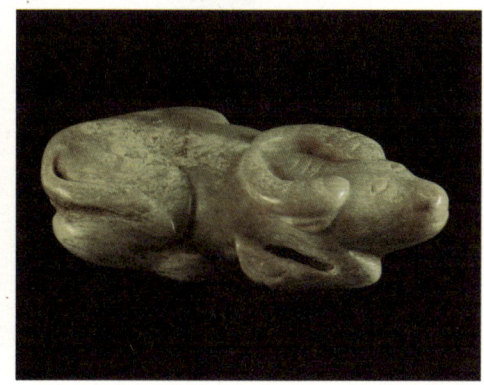
青玉牛　清

[评析]

麒麟是神兽。战国、汉代见有玉异兽，其中有的可能即为麒麟。清代流行麒麟负书，寓意金榜题名。古代玉雕动物品类繁多，除以上文献所载之外，尚见螳螂、鹿、狗、牛等。

玉刚卯

《续汉书·舆服志》：绂佩既废，秦乃以采组连接于璲，光明章表，转相结受，故谓之绶。汉承秦制，用而弗改，故以双卯佩刀之饰，又云佩双卯，长寸二分，方六分。乘舆，诸侯、王公、列侯以白玉，中二千石以下至四百石皆以黑犀，二百石以至私学弟子皆以象牙，上合丝。乘舆，以縢①贯白珠，赤罽②蕤。诸侯王以下以绿③，赤丝、蕤縢各如其卯质。刻书，文曰：正月刚卯，既央灵殳。殳之四方，赤青白黄，四色是当。帝令祝融，以教夔④龙。庶疫刚瘅⑤，莫我敢当。疾日罽卯，帝令夔化，慎尔固伏，化兹灵殳。既正既直，既觚既方，庶疫刚瘅，莫我敢当。

白玉刚卯　东汉　河北景县

[注释]

①縢，音腾，绳索。

②氀，音既，用毛做成的毡子一类的东西。

③綟，音护，系印的丝带。

④虁，音葵。

⑤瘴，音单或旦。

[评析]

由文献看，刚卯、严卯实际上是汉代舆服制度的组成部分，因佩戴者地位的高低不同，其材质的选用亦有差别。玉刚卯作方柱形，四面刻文字。又有玉严卯，形制相同，亦镌刻文字。从其上铭文看，又具辟邪之意。宋、明、清均有仿品传世。

玉婆罗门子

《鸡跖集》：唐修行杨相公每朝，弄一小玉婆罗门子，高数寸，莹澈精巧可爱。云是于阗王库内之物。

[评析]

不知其为何物，或为小玉佛像类以作随身供奉。

玉杖

《续汉书》：袁逢为三老赐玉杖。

[评析]

故宫旧藏有清代玉杖，竹节状。

奇 异

赤玉舄①

《高士传》：安期生卖药海边，秦始皇东游，请与语三日三夜，赐金璧，值数千万。出置阜乡亭而去，留赤玉舄为报。

[注释]

①舄，音系，鞋。

[评析]

红色玉鞋，目前尚不见出土或传世。

放光玉

《尹文子》：魏田父有耕于野，得玉径尺，不知其玉也。以告邻人，邻人诈之曰："此怪石也，蓄之弗利。"田父归置庑下，其玉明照一室，大怖，遽弃于野。邻人取献魏王。王召玉工相之。玉工再拜，贺曰："大王得之宝，臣所未见。"王问其价，玉工曰："此无价。以当之五城三都仅可一观。"

[评析]

今所见之玉未见有放光者。此或为具荧光的美石，能照亮一室应是夸张之语。

玉玺

《南齐书》：高祖受禅之日，荥阳郡人尹午于嵩山见天雨石坠地，石开有玉玺，方三寸。

《凉州记》：吕光时州人陈冲得玉玺，广三寸，长四寸。直看无文字，向日视之，字在腹里，言光当王。

《南齐书》：甯蜀广汉县有白光见，掘得玉玺一方，八分，上有鼻①，文曰"帝真"。

[注释]

①鼻，即印玺之钮。

[评析]

中国古代玺印的起源，可追溯到商代晚期，经西周、春秋的发展，至战国时盛行。印本是执信之物，故有"印，信也"之说。据记载，秦以前玺印无尊卑之别，"民皆以金玉为印，龙虎钮"。秦统一六国，建立玺印制度，规定只有天子之印称玺，用玉制作。玺印制度在汉代得以完善，玺印的文字数、官职名称，特别是印之材料、绶带、钮制都有相关规定。汉代出土的玺印就材质而言有玉、金、银、铜、玛瑙、琥珀、木等。钮式多样，见有瓦钮、螭钮、龟钮、蛇钮、驼钮、凫钮、覆斗钮等。印文多白文篆书。大小相若，故有"方寸"之称。汉以后历代玺印的钮式、大小、印文书体变化多端，形成独具特色的中国古代玺印艺术。

碧玉珪

《遯①甲开山图》：禹游东海得玉珪，碧色，长尺二寸，圆如日月。以自照，目达幽冥。

虹变玉

《搜神记》：孔子作春秋孝经，告备于天。忽有赤虹自上而下为黄玉，长三尺，有文。

玉鸡

《帝王世纪》：汉昭灵后游洛池，有玉鸡衔赤珠出，刻曰："玉英，吞此者王。"吞之生高祖。

鱼化玉

《竹书纪年》：汤东至于洛，观帝尧之坛。黄鱼双跃，黑鸟随之，止于坛，化为黑玉。

[注释]

①遯，音盾。

[评析]

传奇之说，皆不可考。

玉钩玦

司马彪《续汉书》：桓帝时，光禄吏舍壁下，夜有青气，视之得玉钩玦，钩长七寸二分、玦五寸四分各一枚，身中皆雕镂。

[评析]

玉钩玦是配套使用的玉钩及钩环，为带饰之一种。

玉虎

《拾遗记》：始皇二年，骞①涓国画工者名烈裔，刻两白虎，其毛如生，不点两目睛。始皇使余工夜往点之，旦虎飞去。明年，南郡献白虎二，视之，乃玉虎也。命去目睛，乃不能复去。

青玉虎纹　汉

[注释]

①翦，音剪。

[评析]

玉虎，首见于商代，多为片雕玉饰。金元时期秋山题材的玉器偶见虎形象。其他时期比较少见。

玉桃

《述异记》：昆山有玉桃，光明洞澈而坚莹，须以玉井泉洗之，便软可食。

[评析]

玉桃为仿生类玉器，清代比较多见，寓意长寿。圆雕玉桃佩饰亦多见。

重明玉

《志玉》：唐宪宗元和八年，大轸国贡重明玉枕，长一尺二寸，高六寸，洁白逾于水晶。中有楼台山水树木之状，四方有十道士持香执简巡环无已，谓之行道真人。其楼台、瓦木、丹青、真人衣服、簪帔，无不悉备，如睹水焉。

玉雅

[评析]

目前出土所见玉枕，除出汉代遗址外，其他时期皆未有所见。由记载可知，大轸国所献玉枕表面满饰山水人物，这在所见唐代玉器中亦非常罕见。

如意玉

《志玉》：唐同昌公主有如意玉，形如宝桃，上有七孔，通明之象也。佩之令人喜悦如愿焉。

玉猪

《纪闻列异》：执金吾陆大钧从子某妻，夜闻物斗声。既觉，于枕下得二玉猪子，大数寸，置之枕中。自此财货日增，家转蕃衍。

[评析]

汉代雕玉猪为握手，为殓玉之一种。明、清有仿制。由文献观之，玉猪又有富裕之寓意。

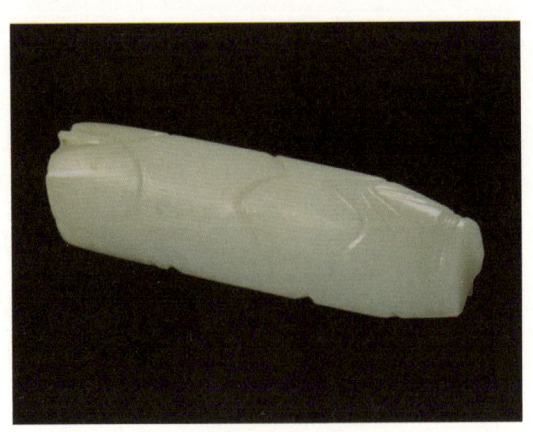

白玉猪　东汉　河北定县中山简王刘焉墓

玉马

《宣室志》：宋顺帝升明中荆州刺史沈攸之厩中，群马辄踯躅，惊嘶如见物。攸之另人伺之，见一白驹以绿绳系腹，直从外来，忽然复去。计其踪迹直入内阁。检内人，唯爱妾冯月华臂上一玉马，以绿绳丝穿之，至夜辄脱置枕边。至夜，有时失去，晓时则还。试取看之，见蹄下有泥。后攸之败，不知所在。

《闻奇录》：沈傅师为宣武节度使，堂前忽马嘶，其声甚近，求之不得。他日愈近，似在堂下。掘之深丈余，遇小洞，其间得一玉马，高二三寸，长四五寸，嘶则如壮马之声。其前置碎砗砂，贮以金槽，粪如绿荳，而赤如金色。沈公恒以砗砂喂之。

[评析]

此两则文献所谓玉马，皆为小件之玉雕。前者为文献所谓之系臂，即手臂上的装饰物，多雕作动物形，如虎、辟邪、蛙等，有孔供穿系。古人认为佩带此类饰物具有消灾免祸的功能。

观日玉

《梁四公记》：条桑国贡观日玉，大如镜，方圆尺余，明澈如琉璃。映日以观日中宫殿，皎然分明。

龙虎玉

《杜阳编》：元和中，西域有进美玉者二，一圆一方，径各五寸，光彩凝冷，可鉴毛发。时玄解方坐，于上前熟视之，曰："此一龙玉、一虎玉。"上惊而问曰："何谓龙玉、虎玉耶？"玄解曰："圆者龙也，生于水中，为龙所宝。若投之水，必虹蜺出焉。方者虎也，生于岩谷，为虎所宝。若以虎毛拂之，即紫光迸逸，而百兽慑服。"

[评析]

虽然颇为怪诞，但也反映了新疆地区所产玉料一出水中，一出山上，分水料和山料两种这一事实。

白玉笥①

《玉笥山录》：汉武好仙，于玉笥山顶置降真坛，大还。鼋道士昼夜祈祷，天感其诚，乃降白玉笥置坛上。武帝遣使取之，至其坛侧，飘风大震，卷玉笥而去。因此名为玉笥山焉。

[注释]

①笥，音四。盛饭或衣物的方形竹器。

[评析]

汉墓出土漆笥较多，玉笥尚未见。

夜明玉

《王子年拾遗记》：神农时有石磷之玉，号曰夜明，以誾①投水而不灭。

[注释]

①誾，音银。

[评析]

不辨为何材质。

玉杯

《十洲记》：周穆王时，西胡献玉杯。夕设庭中，比明旦水满于杯，甘而香美。

[评析]

玉杯首见于汉代，分角形杯、高足筒形杯、耳杯三种。这三种玉杯，宋、元、明、清皆有所见。宋代以后，杯的造型趋于多样，以荷叶形杯、龙首杯、立人耳杯、碧筒杯等最具特色。明代流行螭耳杯。清代玉杯造型规整、简洁。

白玉荷叶形杯　南宋　浙江衢州

碧玉菊瓣形杯盘　明　北京房山多宝佛塔

青玉单螭耳椭圆杯　明末清初

白玉茶杯　清

翡翠屑金

欧阳修《归田录》：余家有一玉罂，形制甚古而精巧。始得之梅圣俞，以为碧玉。在颍州时，尝以示僚属。坐有兵马钤辖邓保吉者，真宗朝老内臣也，识之曰："此宝器也，谓之翡翠云。禁中宝物皆藏宜圣库。库中有翡翠盏一只，所以识也。"其后余以金环于罂腹信手磨之，金屑纷纷而落，如砚中磨墨，始知翡翠之能屑金也。

［评析］

此文献记载之翡翠，若即后世缅甸所产之翡翠，则中国使用翡翠的历史，可上推至宋代。目前所见翡翠作品，皆为清代所制。上述文献亦说明翡翠硬度之高。

輭①玉鞭

《杜阳杂编》：代宗尝幸兴庆宫，于复壁间得宝匣，匣中获玉鞭，鞭末有文曰"輭玉鞭"，即天宝中异国所献，光可鉴物，节文端妍，虽蓝田之美不能过也。屈之则头尾相就，舒之则劲直如绳，虽以斧钻锻斫，终不伤缺。上叹为异物。遂命联蝉绣为囊，碧玉丝为鞘。

［注释］

①輭，音耳。

［评析］

以玉制作且能弯曲自如的鞭子，尚未有见。

暖玉鞍

《天宝遗事》①：宁王有暖玉鞍。

[注释]

①《天宝遗事》，即《开元天宝遗事》，共 2 卷，146 条，五代王仁裕撰。该书根据社会传闻，分别记述唐朝开元、天宝年间的逸闻遗事，内容以记述奇异物品，传说事迹为主。其中记唐代宫中七夕、寒食等节日习俗以及豪支、传书燕等事有一定的社会史料价值。

[评析]

尚不辨为何材物。

香玉辟邪

《杜阳杂编》：肃宗赐李辅国香玉辟邪二，各高一尺五寸，奇巧非人间所有。其玉之香可闻于数百步，虽缄之于金函石匮，终不能掩其气。或以衣裙误拂，则芬馥经年。纵瀚（wò）濯（zhuó）数四亦不消歇。辅国尝置于座侧，一日方巾栉（zhì）而辟邪忽一大

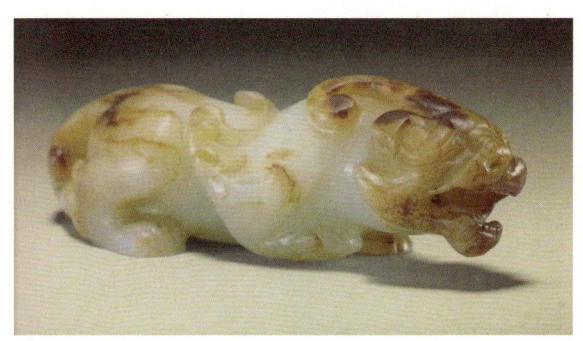

青玉辟邪　西汉　故宫

笑，一悲号。辅国惊愕失据，而辗（chǎn）然者不已，悲号者更涕泗交下。辅国恶其怪，碎之如粉以投厕中。其后常闻冤痛之声。其辅国所居里巷，酷烈弥月犹在，盖臼之为粉而愈香故也。

［评析］

辟邪，古代异兽，被认为具有禳祸之功效。汉代至魏晋时期流行。陕西西安西汉渭陵遗址曾出土白玉辟邪，甚为精美。

玉蟾蜍

《稗史杂编》：姑苏士人家有玉蟾蜍一枚，蟠腹中空，每焚香置炉边，烟尽归腹中，久之冉冉复自蟾口喷出。

［评析］

玉蟾蜍战国墓葬有出土，圆雕，长宽不过二三厘米。清代流行刘海戏蟾，寓招财进宝之意。

青玉蛙　战国　河北平山中山王墓

青玉浮雕青蛙荷叶洗　清

玉象　晚商　河南安阳妇好墓

青玉双童洗象　清

玉象

《续博物志》：李德裕好饵雄朱。有道士李终南出一玉象，状如拳，曰此可求勾漏莹彻者。燃香置象鼻下，勿令妇人、鸡犬见之。三五日象自服之，即复吐出，乃可服。此火玉，太阳之精凝结，已三万年，以相公好道，因以奉借。又出金象云，此是雌者，贵其相伴，不尔玉象飞去。德裕服之有异，乃于都下采聘名姝，至百数不止，象砂不复吐。后南迁，再遇道士，索二象。是夕风雨涛潋，并作玉象，如团火飞出船。

[评析]

圆雕玉象，目前首见于商。清代流行象驮宝瓶或童子洗象，寓意吉祥。

温凉玉

《泰安县志》：岱庙有温凉玉大圭一，长三尺。上半截常凉，下半截常温。

玉豚

《幽明录》：余杭人沈纵家素贫，与父同入山，得一玉豚。从此所向如意田桑并收，家遂大富。

玉升

《云仙杂记》[1]：宣帝时，西夷恒陁国贡八角玉升，夏以水浇之则无暑，冬以火迫之无寒。

[注释]

① 《云仙杂记》，十卷，旧本题唐金城冯贽撰。《宋史·艺文志》著录于子部小说家类，题作《云仙散录》。《四库全书》收于子部小说家类。前人皆认为此书乃宋元人所作。

[评析]

玉升应即玉斗。

玉马鞍

《中华古今注》：孙文台获青玉马鞍，光照于衢路。

[评析]

目前所见有金马鞍而尚无全玉马鞍。装饰玉的马鞍，则出土于辽墓。

玉钗变燕

《洞冥记》：元鼎元年，起招灵阁，有神女留一玉钗，帝以赐赵婕妤。至昭帝元凤中，宫人犹见此钗，共谋碎之，启视钗匣，惟见白燕升天。

[评析]

唐、五代玉钗多透雕成花鸟。此纹饰或与玉钗变燕之传说相关。

青玉灯　战国　故宫

青玉珐琅挡烛台

温冷玉

《杜阳杂编》：日本东三万里有集玲岛，上有凝霞台，台上有手谈池，池中有玉棋子，不假制造黑白分明，冬温夏冷。

[评析]

玉质围棋子，首见于辽墓。传世品以清宫旧藏多见，分黑、白两色，以青（白）玉、碧玉制作。又有象棋、双陆等。

金缕玉衣　西汉　河北满城中山靖王刘胜墓

出土和传世玉制品中值得留意的还有玉灯，最早一例见于战国，清代多见。此外，尚有仅见于汉的玉衣。

鸟化玉

《尚书·中候》：天乙在亳，诸邻国襁负，归东观于洛。黑鸟化为玉勒，曰玄精。

《列异传》：邢浪于九甲山见鸟，状如鸡，色赤，鸣如吹笙。射之中，即入穴。遂凿石得一赤玉，如鸟形状也。

美女化玉

《录异传》：江岩常到吴采药，于富春县清泉山之南见一美女，紫衣，踞石而歌，有碣石之音。岩往从之，未及数百步，女辄不见。岩乃破石，得紫玉广长一尺。

玉化蜮①

《竹书纪年》：晋献二年春，周惠王居于郑。郑人入王府取玉焉，玉化为蜮以射人。

玉函变鸟

《酉阳杂俎》：汉武登齐郡函山，得玉函，长五寸。帝下山，玉函忽为白鸟飞去。世传山上有王母药函，常令鸟守之。

云中玉

《杜阳杂编》：天宝中有尼真如，于五色云中得小囊，中有五宝。其一曰玄黄天符，形如笏，长可八寸余，阔三寸，上圆下方。近圆有孔，黄玉也，色比蒸栗，泽若凝脂，辟人间兵疫邪疠。其二曰玉鸡，毛纹悉备，白玉也。王者以孝理天下则见。其三曰谷璧，白玉也，径五六寸，其文栗粒自生，无异雕镂之状，王者得之则五谷丰稔。其四曰王母玉环，二枚，亦白玉也，径六寸，好倍于肉。王者得之，能令远国归服。其玉色光彩溢发特异于常。

[注释]

①蜮，音育。一种说法是其为一种食禾苗的害虫；另一种说法是其为传说中一种在水里暗中害人的怪物，口含沙粒射人或射人的影子，被射中的就要生疮，被射中影子的也要生病。

[评析]

玄黄天符，又称元黄天符，从文献记载看，应为圭状物。乾隆帝弘历御制诗《题黄色辟邪玉圭》曰："水方生瑶瑾，云英静以腴。截肪奚可喻，蒸栗得曾无。犹见先王制，如逢君子儒。何须捡唐史，附会谝天符。（是玉人称为元黄天符。唐肃宗本纪载楚州献宝玉十三，一曰元黄天符。其制上圆下方，近圆有孔。今是玉上下具方，殆后人附会之说云）"

谷纹璧清宫藏品颇多，既有前代古器，亦有时做仿品。乾隆帝弘历咏玉御制诗中有相当一部分与谷璧相关，究其原因，亦是因为谷璧具有象征五谷丰登之意。如：《汉玉谷璧》土花瑞瑞其光葆，道人之容枯不槁。千年以上目前藻，寸度规圆合羡好。虽有琢磨无奇巧，元气配藜丁甲保，庇荫嘉谷斯为宝。"

玉精

《玄中记》①：玉精为白虎。

《白泽图》②：玉之精，名曰委然，状如美女衣青衣。见之以桃戈刺之，而呼其名，则得之委然。一作岱委，夜行见女戴镯入石，石中有玉也。

[注释]

①《玄中记》，是产生时期较早的志怪小说代表作。它上承远古传说，从《山海经》所载的殊方绝域、飞禽走兽、奇花异木、山川地理的神话演化而来，广罗天下奇闻异事；它下启六朝志怪，书中内容所载多为后代志怪小说所借鉴。由于它在撰述体例上的特殊形式，被划归为地理博物类志怪小说。作者郭璞（pú）（276—324），字景纯，河东闻喜县（今山西省闻喜县）人，西晋建平太守郭瑗之子。东晋著名学者，既是文学家和训诂学家，又是道学术数大师和游仙诗的祖师，他还是中国风水学鼻祖。

②《白泽图》，相传是河图洛书中河图的一部分，久已失传。书中内容因被《山海经》大量引用而得以流传，其他一些道家作品亦有引用。可知其成书年代应在汉之前。《白泽图》可以说是一部中国中古鬼怪地精的名谱。该书记载了地上数百种鬼怪地精的名称、形貌、栖息地和特性。分地精、川精、泽怪等三个部分分别记述。